L'école maternelle de la performance enfantine

Préface d'Éric Plaisance

P.I.E. Peter Lang

Bruxelles · Bern · Berlin · Frankfurt am Main · New York · Oxford · Wien

Ghislain Leroy

L'école maternelle de la performance enfantine

Préface d'Éric Plaisance

Petite enfance et éducation
Nouvelles perspectives sur l'éducation
et l'accueil des jeunes enfants
Vol. 4

Cette publication a bénéficié de l'aide financière du premier prix de l'Observatoire du bonheur 2015, ainsi que du prix Louis Cros 2017, de l'Académie des sciences morales et politiques.

Maquette de couverture d'après une conception de Régine De Loose.

Cette publication a fait l'objet d'une évaluation par les pairs.
Toute représentation ou reproduction intégrale ou partielle faite par quelque procédé que ce soit, sans le consentement de l'éditeur ou de ses ayants droit, est illicite. Tous droits réservés.

© P.I.E. PETER LANG s.a.
Éditions scientifiques internationales
Bruxelles, 2020
1 avenue Maurice, B-1050 Bruxelles, Belgique
www.peterlang.com ; brussels@peterlang.com

Imprimé en Allemagne

ISSN 2506-8105
ISBN 978-2-8076-1351-5
ePDF 978-2-8076-1352-2
Epub 978-2-8076-1353-9
Mobi 978-2-8076-1354-6
DOI 10.3726/b16366
D/2019/5678/65

Information bibliographique publiée par « Die Deutsche Bibliothek »

« Die Deutsche Bibliothek » répertorie cette publication dans la « Deutsche National-bibliografie » ; les données bibliographiques détaillées sont disponibles sur le site <http://dnb.ddb.de>.

Sommaire

Préface 9

Introduction générale 15

Chapitre 1 : Affirmation d'une représentation scolaire de l'enfant, des instructions de 1977 aux programmes de 2008 27

Chapitre 2 : Du caractère scolaire des pratiques contemporaines 43

Chapitre 3 : Quelle empreinte pour les pédagogies de l'éducation nouvelle ? 63

Chapitre 4 : Socialisations du corps et des émotions de l'enfant à l'école maternelle 81

Chapitre 5 : Les plus faibles, en marge de la marche de la classe 101

Chapitre 6 : Perspectives récentes : « bien-être » et pédagogies alternatives 115

Conclusion générale 141

Bibliographie 149

Préface

L'histoire de l'école maternelle est riche d'allers et retours entre la volonté de définir et de mettre en pratiques pédagogiques sa spécificité et l'emprise persistante de l'école primaire sur ses activités et sur la formation de son personnel. Dès le XIXème siècle, cette tension se faisait déjà sentir, au moment même de la transformation officielle de la salle d'asile en école maternelle lors de la mise en place de l'école de la IIIème république et de la publication de nouveaux programmes. La figure emblématique de ce combat pour affirmer l'originalité de l'école maternelle et, en même temps, pour valoriser la nécessaire attention au jeune enfant, est l'inspectrice générale Pauline Kergomard, à la charnière des deux siècles. Son œuvre militante peut être sommairement résumée par des expressions particulièrement suggestives qu'elle a surtout écrites dans les revues pédagogiques de l'époque. Avec la notion de « l'éducation maternelle dans l'école », elle défendait une approche éducative inspirée par un modèle familial, car le jeune enfant, disait-elle, n'est pas « matière scolaire » et son activité principale devrait être le jeu libre. D'où cette heureuse et célèbre formule, souvent reprise en omettant le nom de son auteur : « Le jeu c'est le travail de l'enfant ; c'est son métier, c'est sa vie ». L'autre versant était donc de démarquer la nouvelle école maternelle de l'école primaire, de ses activités et de la « pédagogie du livre » en ne laissant pas l'école primaire envahir l'école maternelle mais en instaurant le mouvement contraire : « c'est l'école maternelle bien comprise qui doit forcer les portes de l'école primaire. »

Bien évidemment, depuis ces périodes essentielles pour la construction de l'école maternelle en France, de grandes évolutions ont eu lieu, principalement après la Seconde Guerre Mondiale. Les évolutions de la fréquentation sont les plus frappantes, car elle est devenue de plus en plus diversifiée, appréciée par des catégories sociales moyennes et supérieures qui, de manière générale, n'étaient pas utilisatrices de cette école au public anciennement plus populaire. A tel point que la situation française actuelle est exceptionnelle au niveau mondial avec des pourcentages de fréquentation qui atteignent quasiment les 100 % pour les classes d'âge de 3, 4 et 5 ans. La loi de 2019 sur l'éducation consacre même ces réalités en déclarant obligatoire la scolarisation à ces âges précoces, dès l'âge de 3 ans. Un autre élément d'évolution concerne les personnels enseignants et, là aussi, on peut encore noter la particularité de la situation française. Dès le début de l'école maternelle, les institutrices ont vu leur statut professionnel, leur salaire et leurs conditions de travail très tôt assimilés à celui des institutrices et instituteurs de l'école primaire (en 1889 puis en 1921). Désormais, sous l'appellation de professeur(e)s des écoles, hommes et femmes peuvent exercer en école maternelle et leur formation jusqu'au niveau d'un master professionnel est effectuée dans des instances situées en universités (Instituts universitaires puis Écoles supérieures de formation, avant d'éventuelles autres dénominations).

Ces transformations, certes largement positives, n'éliminent pas pour autant des débats très actuels, voire de vives polémiques, par exemple celles qui touchent à la scolarisation des plus jeunes, les enfants de 2 ans (car leur place est aussi possible en crèches ou en jardins d'enfants) ou à la question des diagnostics précoces des troubles du comportement (annonçant, selon certains propos hasardeux, des risques sociaux ultérieurs). Pour l'heure, retenons la reprise des interrogations anciennes sur les rapports entre maternelle et primaire, bien manifestées lors de la rédaction des nouveaux programmes de 2015. Il faut même préciser que, par un retournement de vocabulaire, l'école maternelle est devenue englobée officiellement dans l'école primaire et en constitue seulement une étape, comme « primaire pré-élémentaire », alors que l'ancienne dénomination succincte d'école primaire a été remplacée par « primaire élémentaire ». Simple question rhétorique d'expressions renouvelées ou signe plus fondamental d'ambiguïtés non résolues ? Rappelons qu'en 1989 la loi d'orientation sur l'éducation instaurait des cycles d'apprentissage : au début de l'école maternelle, les apprentissages dits « premiers » et, à la charnière de l'école maternelle et du primaire élémentaire, les « apprentissages fondamentaux ». Or ce dernier chevauchement qui répondait au souhait légitime de continuité des apprentissages a mené à une polarisation vers les activités ultérieures du primaire élémentaire et, de fait, l'école maternelle a été aspirée par ce qui venait après elle, l'aval dévorant l'amont. Or, un tel tropisme a été critiqué par l'Inspection Générale de l'Éducation Nationale dans son rapport de 2011, si bien que la maternelle a ensuite récupéré officiellement son autonomie en constituant un cycle unique.

Le livre ici présenté par Ghislain Leroy est tributaire de ce contexte à la fois historique et contemporain et il se situe clairement au cœur des débats les plus actuels. L'auteur est particulièrement sensible à l'aspect scolaire de la maternelle, à sa « forme scolaire », voire à sa « primarisation », ce qui tend à la différencier des institutions pour jeunes enfants dans d'autres pays qui reposent sur d'autres modèles pédagogiques. Mais l'aspect central du livre et son originalité est la recherche des représentations dominantes de l'enfant dans l'école maternelle contemporaine en les rattachant aux évolutions sociales. En ce sens, il prend en compte les travaux sociologiques antérieurement publiés sur la maternelle par d'autres auteurs mais il veut réactiver leur questionnement en se demandant si la maternelle n'a pas connu de nouveaux développements, précisément sous l'angle des représentations de l'enfant, et en procédant à des analyses systématiques des pratiques en cours. Pour ce faire, il se situe à la fois dans les orientations de la sociologie de l'éducation, qui était le champ de recherche privilégié des auteurs précédents au cours des années 1970–80, et dans les renouvellements proposés plus récemment par la sociologie de l'enfance. Il s'exprime ainsi la croisée de ces deux pistes théoriques, attentif aussi bien aux processus de socialisation du jeune enfant et aux représentations qui structurent les pratiques. Dans ces conditions, les méthodologies sont à leur tour diverses et croisées : des analyses du curriculum formel, c'est-à-dire des prescriptions officielles sur ce qui est attendu de l'école maternelle depuis les années 70 ; des utilisations de rapports d'inspection pour y repérer, de manière indirecte, c'est à dire à partir d'un discours d'autorité, des témoignages sur des pratiques pédagogiques, soit anciennes soit actuelles ; des entretiens avec des professionnels, hommes et femmes, des écoles enquêtées ; enfin et surtout, des observations des pratiques ordinaires en classe. C'est sur ce dernier aspect que l'auteur insiste à juste titre : dans la recherche présentée, ce sont ces observations qui sont centrales et qui sont soutenues dans le texte par des photographies d'activités à des moments de regroupement des enfants ou d'ateliers, ou encore à des moments plus libres (accueil ou coins jeux, par exemple). Ces dispositifs pédagogiques ordinaires d'une journée en maternelle focalisent l'attention du chercheur et donnent lieu à de fines élaborations pour déceler ce qui a pu évoluer dans les pratiques concrètes de l'école maternelle contemporaine.

Fondée sur la confrontation de rapports d'inspection utilisés pour les périodes antérieures et d'observations sur la situation actuelle, l'évolution constatée semble marquée par la volonté de faire accéder l'enfant au statut d'élève, en donnant une place plus importante à ce que l'auteur appelle les « fondamentaux », c'est-à-dire des apprentissages guidés par la forme scolaire : graphisme-écriture, phonologie-lecture, voire calcul. Forçant sans doute un peu le trait, l'auteur évoque même une « colonisation » des autres types d'activités par cette orientation. On ne constate donc plus ici la confirmation d'un modèle pédagogique « expressif » que nous avions constaté comme progressivement dominant dans des rapports d'inspection de la fin des années 70. Comme si les attentes sociales pour une certaine rentabilité des apprentissages en vue de la scolarité ultérieure avaient pris une nouvelle place. C'est aussi ce qui justifie l'expression d'école « de la performance » qui fournit le titre du livre : le souci contemporain de la performance et le poids des logiques sociales concurrentielles arrivent à pénétrer la maternelle, même sans la volonté explicite et professionnels concernés.

Où se situe alors l'empreinte éventuelle des pédagogies dites « nouvelles » dont une forte tradition remonte au début du XXème siècle et qui valorisaient l'intérêt de l'enfant ou son propre désir dans la mise en place des activités ? Plutôt que laisser le débat au seul niveau théorique, l'auteur a le mérite d'interroger à nouveau directement des praticiens et des praticiennes. Qu'il s'agisse de la pédagogie du projet, de la place des jeux ou des activités en ateliers, son enquête montre la concordance avec les analyses précédentes. La baisse du recours aux orientations de la pédagogie nouvelle dénote à nouveau la prégnance d'une socialisation voulue comme plus scolaire. Concrètement, au sein des activités, la contrainte s'exerce très tôt même chez les plus jeunes. D'autres aspects du rapport à l'enfant ont-ils à leur tour subi un estompement progressif ? C'est le cas pour les soins du corps, autrefois valorisés sous l'angle de l'hygiène, mais qui donnent lieu aujourd'hui à une nette division du travail entre le ou la titulaire de la classe et l'agent spécialisé qui seul s'en charge. De même, la valorisation antérieure du rapport psycho-affectif avec l'enfant a perdu sa légitimité des années 70. En définitive, on relève le souci de l'auteur de tracer une typologie des enseignants en deux grands types, mais qui ne sont pas étanches : un type d'enseignant attentif qui reste attentif aux valeurs psycho-affectives ; un type plus disciplinaire où les pratiques présentent une certaine « âpreté ».

La question des effets de la scolarisation en maternelle sur le devenir des enfants aux appartenances sociales différenciées a souvent été posée : non seulement par les chercheurs mais aussi par des responsables politiques soucieux d'appliquer à la maternelle la problématique classique de la démocratisation. C'est une interrogation qui a visé le sens à accorder à la scolarisation des enfants de deux ans, par exemple en cherchant à évaluer les effets à plus long terme de cette scolarisation précoce. Problématique qui animait les débats aux États Unis dans le milieu des années 60 sur la compensation des inégalités scolaires par des interventions avant la scolarité obligatoire. Ici l'auteur ne cherche pas à compléter des données statistiques déjà connues en ce domaine. Conformément à ses choix méthodologiques, il met l'accent non sur les données générales mais sur les pratiques effectives qu'il observe dans les classes, en posant la question de savoir si les pratiques « scolarisantes » aboutissent à rendre l'école maternelle « plus efficace dans la transmission des enseignements à tous les élèves ». Ses observations sur des cas précis d'enfants et sur leurs activités sont effectuées dans des écoles socialement contrastées, soit dans des milieux privilégiés, soit dans des milieux populaires. Il aboutit à constater des effets eux-mêmes socialement contrastés que l'on peut résumer grossièrement en disant que les logiques élitistes défavorisent les enfants déjà en difficulté et mènent à des mises à l'écart de ceux qu'il appelle les « plus faibles ». Poursuivant ses interrogations sur les pratiques et avec le souci de ne pas laisser à l'écart des objections éventuelles, l'auteur examine encore des pratiques dites alternatives qui pourraient contrebalancer les effets inégalitaires précédemment constatés. Son observation et son analyse des pratiques d'inspiration montessorienne montrent pourtant que, malgré les discours tenus en termes d'autonomisation et de choix des activités de l'enfant, les pratiques constatées et les interviews réalisés ne réhabilitent pas une représentation psycho-affective de l'enfant et confirment même un rapport à l'enfants très centré sur le « scolaire » des apprentissages.

S'agit-il finalement de bilans excessivement critiques sur la maternelle actuelle ? Ce ne sont pas des opinions *apriori* mais des constats qui reposent sur des analyses et des observations rigoureusement menées sur les pratiques que l'auteur appelle « ordinaires ». Il est vrai que les observations mettent en question certaines pratiques qui se veulent émancipatrices en tablant sur l'autonomie des jeunes enfants et qui, en réalité, aboutissent à favoriser ceux qui le sont déjà et qui sont en condition d'accéder aux bénéfices de cette scolarisation précoce telle qu'elle fonctionne. D'autres enfants, au contraire, du fait de leurs conditions socio familiales, se trouvent marginalisés et entrent dans un début de scolarisation sous des auspices défavorables pour leur avenir d'élèves. Notons surtout que ces constats ne cherchent pas à mettre au pilori les enseignantes concernées qui pensent effectivement agir pour le bien des enfants et sans doute aussi avec la conviction d'agir démocratiquement. Il resterait alors à se saisir de telles contradictions pour réfléchir sur des modalités de formation professionnelle qui pourrait initier scientifiquement à la connaissance de ces impasses et aider à mettre en place des pratiques différentes et réellement émancipatrices. On voit bien que de tels questionnements ouvrent vers de nouvelles perspectives à la fois difficiles et importantes et c'est sans aucun doute le grand mérite de cet ouvrage de susciter les débats et d'engager le lecteur à s'y engager sur la base des analyses proposées. On ne saurait enfin négliger qu'une telle recherche est centrée sur les pratiques effectives de la maternelle en France mais elle est révélatrice d'enjeux qui dépassent l'hexagone parce qu'ils concernent le sens que les institutions pour la petite enfance peuvent avoir au niveau mondial entre accueil et apprentissages, entre modèle psycho affectif et modèle scolaire.

ÉRIC PLAISANCE
Université Paris Descartes
Centre de recherche sur les liens sociaux (CERLIS)

Introduction générale

Volontiers associée au « jeu », ou encore la « joie » enfantine, l'école maternelle semble souvent considérée par leurs acteurs sociaux comme une institution qui, au fond, ne changerait guère au fil du temps et des époques. La raison d'être de cette vision des choses ne résiderait-elle pas dans son caractère rassurant ? Pour le sociologue, une telle immutabilité relève évidemment du leurre. Si des permanences peuvent exister, les institutions sociales évoluent, comme du reste l'ensemble du monde social dont elles ne peuvent pas être distinguées (Tournay, 2011). Des changements se mettent en œuvre, au niveau des finalités qu'on leur prescrit, des pratiques qui s'y déroulent, des professionnels qui y exercent, etc. Nous cherchons dans cet ouvrage à cerner la spécificité de l'école maternelle contemporaine. Pour cela, une entrée féconde nous semble être celle des représentations de l'enfant qui y prévalent.

Les fondateurs de la sociologie de l'école maternelle et les représentations de l'enfant

La recherche sociologique sur l'école maternelle est apparue il y a presque cinquante ans avec Chamboredon et Prévot (1973), Éric Plaisance (1977 ; 1986), et Geneviève Dannepond (1979). Ces auteurs ont construit des analyses ayant d'indiscutables parentés. Chamboredon et Prévot parlent des « définitions sociales » de l'enfant et Plaisance, de « modèles éducatifs ». Dannepond interroge quant à elle les conceptions de l'enfant et de l'élève au cœur des pédagogies actives qui se diffusent alors. Au-delà de la différence entre leurs constructions théoriques, ces sociologues ont donc en commun de prendre pour objet les représentations sociales de l'enfant à l'école maternelle. Nous appelons ici « représentations » des façons communes de percevoir, dans la filiation de Durkheim (1898). C'est là un ambitieux défi intellectuel que de mettre au jour ces représentations « [...] sous-jacent[es] aux pratiques quotidiennes de l'école maternelle [et] leur donnant sens » (Plaisance, 1986, p. 139), au-delà de l'inexorable multiplicité et fragmentation de ce qui trame quotidiennement le rapport à l'enfant à l'école maternelle. Du même coup, ces auteurs (Plaisance, Chamboredon et Prévot en particulier) portent le souhait de déconstruire l'évidence, voire la naturalisation, des représentations sociales dominantes de l'enfance. L'analyse diachronique que construisent ces derniers est une manière de les relativiser, non sans parenté et filiation avec le travail historique d'Ariès qui les précède (1960).

Penchons-nous sur leurs analyses, qui pourraient servir ici de modèles. Quelles nouvelles représentations de l'enfant ont-ils mis en lumière, et comment ont-ils expliqué sociologiquement leur affirmation ? De leurs travaux, il ressort que les représentations de l'enfant à l'école maternelle ont profondément évolué à leur époque (années 60–70 en particulier). Plaisance, Chamboredon et Prévot s'accordent sur l'émergence de représentations de l'enfant plus expressives et psychologisantes qui s'imposent au détriment d'approches davantage autoritaires de l'enfant qui prévalaient majoritairement dans les années d'après-guerre. En continuité, Dannepond (1979) montre la montée en puissance de pédagogies moins directives dans certaines écoles de milieu populaire. Ces nouvelles représentations de l'enfant ont à l'époque le vent en poupe chez les familles de catégories moyennes et supérieures, dans lesquelles se jouent des processus de diffusion et de vulgarisation de la psychologie de l'enfant et de la psychanalyse (Chamboredon & Prévot, 1973). Ces catégories investissent justement à l'époque l'école maternelle, jadis fréquentée par des élèves de milieu populaire. Les institutrices s'embourgeoisent au même moment (Berger, 1979). Ces différents faits sociaux (évolution de l'origine sociale des élèves et des enseignantes ; circulation des représentations de l'enfance) sont mis en lien pour expliquer un changement des représentations dominantes de l'enfance à l'école maternelle[1]. La question du caractère potentiellement différenciateur de ces nouvelles approches de l'enfant est également posée : le bon « usage » d'une école maternelle expressive semble favorable aux enfants y étant acculturés par leur milieu d'origine.

Au vu de l'ampleur du travail sociologique alors accompli, ce n'est pas un hasard si la sociologie de l'école maternelle entre pour ainsi dire quasiment en sommeil au cours de la décennie 1990[2]. Pourtant,

---

[1] Sur la question de la causalité reliant l'ensemble de ces faits sociaux, voir (Chamboredon, 1988, p. 90).

[2] L'étude de l'école maternelle durant cette décennie fut davantage historique, avec certains travaux éclairant de manière nouvelle et déterminante l'histoire de l'école maternelle et des salles d'asile (Chalmel, 1996 ; Dajez, 1994 ; Luc, 1997). L'époque

sous la forme d'intuitions, Éric Plaisance lui-même pressentit que des changements de modèles éducatifs pourraient bien être à l'œuvre.

> L'analyse des rapports d'inspection en maternelle ne s'est pas poursuivie au-delà du début des années quatre-vingts. De nouvelles évolutions ont eu lieu depuis, dont témoignent les différentes instructions officielles ainsi que de nouvelles observations de terrain. L'école doit répondre à une demande de plus en plus pressante d'efficacité pédagogique. Depuis 1986, on assiste à la mise en place, à l'école maternelle, de procédures d'évaluation des compétences des enfants (i.e., l'existence de livrets de compétences) sous l'égide du ministère de l'Éducation. Après les règnes des modèles productif et expressif, les années 1980–1990 apparaissent quant à elles centrées sur une rentabilité de la scolarité sans renoncer pour autant à l'attention accordée à la personne de l'enfant. Cette évolution de l'école maternelle présente une grande parenté avec l'évolution des normes éducatives familiales qui mettent en avant parfois de façon contradictoire à la fois l'épanouissement personnel et la réussite scolaire. (Plaisance, 1999[3])

Dans une certaine proximité, dès 1989, commentant les instructions de 1986 (MEN[4], 1986), Agnès Florin avait noté le passage d'une conception « libérale » à une conception « dirigiste » de l'enfant :

> La référence à la fonction économique et sociale de l'adulte revient à l'honneur, l'enfant devant avant tout apprendre à se dépasser, à satisfaire aux exigences de l'école et à devenir, au prix de certains efforts, le citoyen de demain. (Florin, 1989, p. 91)

Et en 1995, Gilles Brougère se demandait aussi s'il n'y aurait pas une évolution de « modèle éducatif », au sens de Plaisance :

> Le contexte des nouvelles instructions constitue bien un changement de perspective, qui ne supprime pas le jeu, mais le limite en centrant l'objectif de l'école maternelle sur cette notion d'apprentissage. Il semble y avoir là

---

fut aussi aux travaux comparatistes (Brougère, 1997 ; Plaisance et Rayna, 1997), avec des perspectives très variées: évaluation de la qualité, travail sur les curricula (réel, formel), présence ou non de programme, type de formation des professionnel(le)s, comparaison des politiques d'accueil de la petite enfance, etc.

[3] Déjà, dans *L'enfant, la maternelle, la société* (Plaisance, 1986), Plaisance notait que, du dernier corpus de rapports (1975–1980), se dégageaient des inflexions par rapport au modèle « expressif », avec l'émergence probable d'un nouveau modèle « où, tout en gardant ses initiatives personnelles, [l'enfant] s'associe avec les autres dans des petits groupes ou dans des "ateliers" organisés dans la classe » (Plaisance, 1986, p. 182).

[4] MEN : Ministère de l'éducation nationale.

l'apparition d'un nouveau modèle éducatif pour reprendre l'expression d'Éric Plaisance. (Brougère, 1995, p. 216[5])

Dès les années 1990 s'est donc imposée l'idée selon laquelle les représentations de l'enfant étaient en évolution à l'école maternelle, appelant de nouveaux travaux à leur endroit.

Au carrefour de la sociologie de la socialisation, de la sociologie de l'enfance et de la sociologie de l'éducation

L'objectif du présent ouvrage est donc de réactiver les questionnements sociologiques fondateurs des décennies 1970 et 1980, pour les appliquer à l'école maternelle contemporaine, partant du constat que de nombreuses évolutions sociales ont eu lieu depuis. Quelles sont les « qualités » que l'on cherche aujourd'hui à développer chez l'enfant (jadis : l'expressivité, la créativité) ? Quelles représentations de l'enfant orientent les actions adultes envers les enfants ? Comme le suggère Plaisance dans la citation ci-dessus, ces nouvelles définitions de l'enfance auraient-elles des liens avec les évolutions des représentations éducatives dans les familles, ou dans certaines familles (catégories moyennes et supérieures) ? Plus généralement, quelles évolutions sociales semblent expliquer les changements des définitions sociales de l'enfant en maternelle ? Se mettent-elles partout en place de la même manière, ou de façons variables selon les milieux sociaux (Dannepond, 1979) ? De là : *quid* des processus différenciateurs dans cette nouvelle configuration ? La reprise de ces questionnements fondateurs s'effectuera au sein d'un positionnement théorique se nourrissant des apports récents de la recherche sur l'école maternelle et de certaines reconfigurations, émergences ou affirmations de champs, ce qu'il nous faut maintenant clarifier.

Nous nous situons en premier lieu du côté de la sociologie de la socialisation en considérant l'école maternelle comme un espace-clé de la socialisation[6] enfantine, c'est-à-dire primaire. Nous souhaitons

---

[5] Brougère montre que les enseignant(e)s de maternelle de la décennie 1980 ont eu l'impression que la maternelle allait être de plus en plus scolaire dans les années à venir (Brougère, 1995, p. 221). En 1987, lors d'une autre enquête, les entretiens menés par ce chercheur montrent de façon proche que la majorité des enseignant(e)s imagine le jeu libre décliner à l'avenir (Brougère, 1995, p. 225).

[6] « La socialisation, c'est l'ensemble des processus par lesquels l'individu est construit – on dira aussi formé, modelé, façonné, fabriqué, conditionné par la société globale

Introduction générale

identifier les représentations de l'enfance qui sont au principe des actions socialisatrices, principalement celles des professeur(e)s[7] des écoles. Partant de l'idée que ces actions socialisatrices envers les enfants *engagent* des représentations de ces derniers, nous souhaitons donc embrasser l'ensemble des actions que les professeur(e)s des écoles leur font faire, font avec eux, l'ensemble des actions qui leur sont imposées (tant au niveau de l'esprit que du corps), qu'on leur laisse faire, etc. L'action adulte, intentionnelle mais aussi et surtout inconsciente d'elle-même[8], nous paraît un élément déterminant pour éclaircir le contexte socialisateur dans lequel sont pris les enfants de maternelle. À la différence de Plaisance ou de Chamboredon et Prévot, nous souhaitons donc étudier les pratiques ordinaires de l'école maternelle, dans une certaine proximité, en revanche, avec Dannepond. Au niveau de la sociologie de la socialisation, nos visées sont malgré tout modestes, car nous mettons globalement en suspens toute une série de questions centrales de ce champ et en particulier l'étude des effets socialisateurs, c'est-à-dire de la réception (avec éventuellement des hiatus, reformulations, différences d'effets entre plusieurs socialisés, notamment liées aux autres contextes socialisateurs dans lesquels ils évoluent [Lahire, 1998], etc.). De même, nous laissons de côté la question du rôle des autres adultes que les professeur(e)s des écoles, des pairs, mais aussi du genre (Jarlégan & Tazouti, 2012). Nous n'épuisons donc en rien la question de la socialisation enfantine à l'école maternelle, cherchant plus modestement à en éclairer un aspect.

Ensuite, notre analyse est nourrie de nombreux travaux issus de la sociologie de l'enfance, ou qui peuvent y être reliés[9]. La sociologie de

---

et locale dans laquelle il vit, processus au cours duquel l'individu acquiert, apprend, intériorise, des façons de faire, de penser, et d'être qui sont situées socialement ». (Darmon, 2010 [2006]).

[7] Nous utiliserons dans ce texte l'écriture inclusive uniquement pour désigner les enseignant(e)s.

[8] « Il n'y a pas de période dans la vie sociale, il n'y a même, pour ainsi dire, pas de moment dans la journée où les jeunes générations ne soient pas en contact avec leurs aînés, et où, par suite, elles ne reçoivent de ces derniers l'influence éducative. Car cette influence ne se fait pas seulement sentir aux instants très courts où parents et maîtres communiquent consciemment, et par la voie d'un enseignement proprement dit, les résultats de leur expérience à ceux qui viennent après eux. Il y a une éducation inconsciente qui ne cesse jamais. Par notre exemple, par les paroles que nous prononçons, par les actes que nous accomplissons, nous façonnons de manière continue l'âme de nos enfants » (Durkheim, 1973 [1922], p. 69).

[9] Sur les contours incertains de la sociologie de l'enfance, voir notamment (Sirota, 2006, p. 15 *sq.*).

l'enfance s'est progressivement autonomisée au cours des décennies 1990, 2000 et 2010 (Sirota, 1998 ; 2006b ; 2017), non sans débat scientifique sur les fondements épistémologiques même du champ (Zarca, 1999 ; Lignier, 2007, pp. 205–206 ; Sirota, 2017, p. 108[10]). La sociologie de l'enfance nous a nourris à deux niveaux. En premier lieu, une de ses branches vise à étudier les représentations sociales de l'enfant (i.e. *sur* l'enfant) ; elle est à distinguer des travaux de sociologie de l'enfance interrogeant les enfants[11]. On peut rattacher à cette branche les travaux qui interrogent leurs évolutions les plus récentes dans la société, par exemple autour de la thématique de la « sacralisation » ou « passion » de l'enfant (Déchaux, 2014 ; Gavarini, 2004 [2001]) ou traitant des liens contemporains entre enfance et risque (Javeau, 2006). Ce courant de la sociologie de l'enfance rassemble aussi les travaux qui étudient la circulation de multiples représentations de l'enfant (Sirota, 2012), leurs concurrences éventuelles (Pawlowska, 2012), dans des espaces sociaux divers, par exemple l'hôpital (Mougel, 2012) ou la sphère du handicap (Plaisance, 2006). Si cette branche de la sociologie de l'enfance a nourri le présent ouvrage, c'est car elle invite à une réflexion spécifique sur les représentations de l'enfance, ici dans le contexte de l'école maternelle, et à penser les liens entre les représentations sociales de l'enfant en maternelle et celles prévalant dans le reste de la société. En second lieu, des travaux qui peuvent être reliés à cette branche de la sociologie de l'enfance ont pris pour objet d'étude l'école maternelle. Nous pensons en particulier aux travaux de Pascale Garnier qui fait l'hypothèse d'une logique de « scolarisation » de l'école maternelle, l'étudiant au niveau du curriculum formel (Garnier, 2009) et au-delà, par exemple dans les reconfigurations de la relation aux ATSEM[12] (Garnier, 2008) ou dans les jugements et classements des enfants (Garnier & Brougère, 2017).

Enfin, notre analyse s'est également alimentée des travaux sociologiques récents qui relancent, dans la filiation de Dannepond[13] (1979) et dans

---

[10] Ces débats sont en partie liés à différentes conceptions du processus même de socialisation (Leroy, à paraître c).

[11] Pour un essai de cartographie de la sociologie de l'enfance contemporaine, voir (Leroy, à paraître c).

[12] ATSEM : Agent territorial spécialisé des écoles maternelles.

[13] « Mais si un modèle libertaire se développe en milieu populaire, serait-ce parce que les enfants n'ont rien à y perdre, un peu comme les méthodes actives de pédagogie ont tendance à apparaître dans les classes de transition du cycle secondaire? » (Dannepond, 1979, p. 45).

le contexte contemporain, la question du caractère différenciateur de l'école maternelle (sociologie de l'éducation et plus spécifiquement des inégalités socio-scolaires). Les travaux de Darmon (2001), Bautier (2006) et Joigneaux (2009b) ont été suivis par toute une série d'autres travaux dans la décennie 2010 (Joigneaux, 2011 ; 2014 ; Millet & Croizet, 2016 ; Montmasson-Michel, 2016 ; 2017 ; Richard-Bossez, 2016) s'attelant à mettre au jour les nouveaux procès différenciateurs de l'école maternelle, dans toute leur diversité.

Nous nous inscrivons donc au carrefour de la sociologie de la socialisation et d'une branche de la sociologie de l'enfance – celle qui étudie les représentations sociales sur l'enfant –, tout en posant la question des liens entre les nouvelles finalités éducatives de l'école maternelle et les usages, et profits, différenciés de l'école maternelle, selon les milieux sociaux. La sociologie des inégalités socio-scolaires nous invite à éviter des discours trop globaux et unifiant sur les représentations dominantes de l'enfant qui ne prendrait pas en compte leur diversité selon les milieux sociaux. Dans une moindre mesure, nous interagissons aussi avec la sociologie du corps (étude des représentations et des socialisations actuelles du corps enfantin) (Diasio & Pawlowska, 2017) et des émotions (quel travail des émotions enfantines en maternelle) (Hochschild, 2017). Nous effectuons aussi quelques emprunts à la sociologie du travail pour caractériser l'activité professionnelle contemporaine des professeur(e)s des écoles, qui éclaire, nous l'avons dit, le contexte socialisateur contemporain que nous prenons ici comme objet d'étude. Enfin, si la présente recherche est de nature sociologique, nous dialoguerons enfin également avec l'histoire (nous cherchons à penser l'évolution de l'école maternelle des années 60–70 à nos jours), mais aussi avec la pédagogie, partant de la nécessité d'une analyse sociologique de cette dernière (Bonnéry, 2011). Cette interdisciplinarité au sein même de la sociologie, ainsi que le dialogue avec l'histoire et la pédagogie[14], ont été rendus possibles par la publication de plusieurs de nos articles scientifiques dans des revues appartenant à des champs divers : sciences de l'éducation, sociologie, histoire et pédagogie (cf. bibliographie). Le présent ouvrage est donc aussi une tentative de synthèse, d'articulation théorique, de ces différents

---

[14] Nous ne souhaitons pas soulever ici la complexe question de la nature épistémologique des sciences de l'éducation. Nous soulignerons simplement que le dialogue que nous cherchons à mettre en œuvre entre la sociologie, l'histoire et la pédagogie pourrait avoir des parentés avec la démarche propre aux sciences de l'éducation.

articles, même s'il propose aussi de nombreux résultats qui n'avaient pas encore fait l'objet de publication. Les passages qui s'appuient sur des articles déjà publiés sont cités au cours de l'ouvrage.

Méthodologie

Pour la présente recherche, l'observation directe a été centrale. L'objectif était de mettre en œuvre une analyse des pratiques ordinaires des professeur(e)s des écoles, conçues comme engageant des représentations de l'enfant. En effet, nous avons souhaité analyser le curriculum réel, les interactions adulte / enfant quotidiennes et pénétrer l'ordinaire de la socialisation enfantine à l'école maternelle. Deux séries d'observations sont mobilisées, liées à deux enquêtes dont les résultats sont ici revisités et articulés. Une première série d'observations a été réalisée entre 2011 et 2013 dans le cadre d'une thèse de doctorat. 53 jours d'observation de 6 heures ont eu lieu : 4 à Lille, 49 à Paris. 17 enseignant(e)s (3 hommes, 14 femmes, de milieux sociaux divers) ont été observé(e)s sur des durées allant de 1 jour à 7 jours, dans 8 écoles différentes. 34 jours d'observation ont eu lieu dans des écoles d'éducation prioritaire, 13 dans des écoles bourgeoises du centre de Paris. Une autre série d'observation a eu lieu en 2017–2018 dans le cadre d'une recherche collective portée par le laboratoire CIRNEF (universités de Caen Normandie et de Rouen Normandie), en collaboration avec Laurent Lescouarch. Quinze jours d'observation directe ont été effectués dans des classes d'écoles maternelles publiques de Paris pratiquant, à des degrés divers, des pratiques d'inspiration montessorienne. Pour l'ensemble de ces observations et de ces recherches, l'attention a été portée sur les pratiques des professeur(e)s des écoles et leur manière d'interagir avec les enfants. Ceci est passé par une étude de la préparation et de l'aménagement de la classe, du matériel pédagogique utilisé, de la manière de mettre en activité les enfants (quels choix pédagogiques), de réguler les séances (quel étayage), de s'adresser à eux, d'entretenir ou non des relations affectives, d'interagir vis-à-vis de leurs corps.

Les résultats de l'observation ont été mis en parallèle d'autres données issues de trois autres méthodologies. En premier lieu, une analyse de l'évolution du curriculum formel. Il s'est tout particulièrement agi de penser l'évolution des textes prescriptifs depuis les années 1970 et d'y déceler les évolutions de représentations de l'enfant. L'objectif fut de les articuler aux résultats de l'observation directe pour mettre en lumière hiatus et continuités entre ces deux strates (*curricula* formel et réel, prescriptions et pratiques). En second lieu, nous avons mis en œuvre de nombreux entretiens avec des professeur(e)s des écoles de maternelle. Lors de l'observation directe, un nombre important d'entretiens informels ont pu avoir lieu, par exemple pendant les moments de récréation, le midi, ou même en classe. Ils ont souvent permis d'avoir un éclaircissement *ad hoc* sur telle ou telle pratique. En outre, de façon préparatoire à l'observation de thèse évoquée ci-avant (2011–2013), nous avons réalisé en 2009 dix entretiens semi-directifs avec des professeur(e)s des écoles de maternelle sur la question de leurs représentations de l'enfant. Trois de ces entretiens ont été réalisés avec des enseignant(e)s que nous avons aussi observé(e)s. De précieuses mises en parallèle ont pu être effectuées entre les discours déclaratifs des enseignant(e)s et les pratiques observées, posant la question classique des liens entre ce qui est dit et ce qui est fait (Deutscher, 1973 ; LaPiere, 1934). Au niveau terminologique, nous appellerons « enquête 2009–2013 » l'ensemble des « terrains » liés à l'enquête de thèse (ces 10 entretiens de 2009 + les 53 jours d'observation de 2011 à 2013) et « enquête 2017–2018 » l'enquête liée au CIRNEF sur les nouvelles pratiques d'inspiration montessorienne (15 jours d'observation). En troisième lieu, nous avons souhaité introduire une dimension diachronique, en continuité avec la démarche d'Éric Plaisance. En effet, mettre au jour une évolution des représentations de l'enfant supposait de mettre en oeuvre une analyse ayant une dimension socio-historique. Il manque un état des pratiques ordinaires des années 60–70, notre point de départ ici, même si des pistes peuvent être livrées notamment par l'article de Dannepond (1979). Éric Plaisance nous a fait don des cent rapports d'inspection qu'il analysa lui-même dans son ouvrage de 1986 et nous profitons de cet ouvrage pour l'en remercier une nouvelle fois. Ces rapports sont divisés en quatre corpus de 25 rapports (1945–1952 ; 1955–1960 ; 1965–1970 ; 1975–1980). Nous avons de notre côté constitué un corpus de 25 rapports pour la période 2000–2010. Il s'agissait premièrement de prolonger les analyses de Plaisance en se demandant comment avaient évolué les attentes et prescriptions inspectorales depuis ses travaux. Il s'agissait ainsi d'analyser un niveau intermédiaire entre les textes prescriptifs et les pratiques par ailleurs observées, toujours guidé par la recherche des représentations dominantes de l'enfant et de leurs déclinations au niveau de ces différentes strates. Enfin, nous avons aussi parfois mobilisé les rapports d'inspection de Plaisance pour apprendre des pratiques en vigueur à l'époque (1945–1980) et les comparer à celles que nous avons constatées. Même si les rapports ne reflètent qu'indirectement les pratiques de telle ou telle époque, sous réserve de certaines précautions méthodologiques, il est possible d'y glaner des données sur les pratiques de telle ou telle époque. Nous avons complété notre connaissance des pratiques des années 70 par l'étude de certains ouvrages de l'époque ayant une dimension de témoignage, notamment celui de Calmy-Guyot (1973).

Plan de l'ouvrage

Le chapitre 1 se penche sur les évolutions des représentations de l'enfant dans les instructions et programmes de l'école maternelle, de 1977 à 2008. Il met en lumière qu'une certaine représentation scolaire de l'enfant gagne progressivement du terrain, au détriment d'une représentation psycho-affective de l'enfant, qui était dominante en 1977. Le recours aux pédagogies de l'éducation nouvelle, jadis hautement légitimes, se voit lui-aussi de moins en moins prescrit au cours de la période. Ce chapitre propose des explications de ces évolutions prescriptives, les mettant en lien avec de nombreux faits sociaux, et en particulier l'évolution de la définition du métier d'enseignant(e) de maternelle. Fort de ces résultats, le chapitre 2 s'interroge sur l'empreinte de la représentation scolaire de l'enfant au niveau des pratiques ordinaires contemporaines. C'est poser la question de l'emprise de la forme scolaire, et son ampleur, sur les pratiques ordinaires. Nous posons aussi la question de ses formes spécifiques contemporaines, en continuité avec Vincent (1980). Le chapitre 3 prolonge cette réflexion en analysant l'empreinte des pédagogies de l'éducation nouvelle au niveau des pratiques ordinaires, mais aussi des représentations enseignantes. Si ces pratiques ont connu un certain déclin au niveau prescriptif (chapitre 1), *quid* des pratiques ordinaires ? Le chapitre 4 prolonge leur investigation en étudiant la socialisation des corps et des émotions enfantines dans cette école maternelle contemporaine fortement sollicitée pour mettre en œuvre un rapport scolaire à l'enfant. D'importantes évolutions semblent avoir eu lieu depuis les années 60–70. Le chapitre 5 livre ensuite notre apport sur la question des inégalités socio-scolaires, posant la question des liens entre relative domination d'un certain rapport scolaire à l'enfant et inclusion pédagogique ou non de l'ensemble des élèves. Le chapitre 6 prend enfin pour objet des évolutions très récentes. Des thématiques psycho-affectives réapparaissent dans les programmes de 2015. Des pratiques d'inspiration montessorienne prospèrent dans certaines classes. Sur la question des représentations de l'enfant, est-on face à des inflexions ou peut-on mettre au jour de subtiles continuités ? Dans la conclusion, nous tenterons d'offrir une vision d'ensemble de notre recherche et de ses principaux résultats. Brièvement, nous évoquerons aussi la situation internationale au niveau du préscolaire et expliquerons pourquoi le concept de « performance enfantine » nous semble désigner pertinemment la nature actuelle de l'école maternelle.

Chapitre 1 : Affirmation d'une représentation scolaire de l'enfant, des instructions de 1977 aux programmes de 2008

Dans ce chapitre, nous étudions l'évolution des représentations dominantes de l'enfant, au sein des instructions et programmes de l'école maternelle française parus entre 1977 et 2008. Nous nous penchons sur les programmes et instructions officielles même si nous analysons aussi parfois d'autres textes officiels pour éclairer les contextes prescriptifs. C'est une première entrée, celle du curriculum formel, pour mettre au jour l'évolution des représentations dominantes de l'enfant à l'école maternelle depuis les travaux de Plaisance (1986) et Chamboredon et Prévot (1973). Il y a là un point de départ et une problématisation indispensables pour les chapitres ultérieurs relatifs aux pratiques contemporaines.

1. Primat d'une approche psycho-affective et libertaire de l'enfant dans les instructions de 1977

Contexte socio-historique

Ces instructions sont à resituer au sein d'une période (années 1960–1970) lors de laquelle les représentations éducatives évoluent profondément. Chamboredon et Prévot (1973) ont montré que le paradigme de la psychologie supplante à l'époque celui de la puériculture, en particulier dans les catégories moyennes et supérieures. La puériculture s'était imposée comme une science dominante de l'enfance au début du XXe siècle (Luc, 1982, p. 25–28 ; Prost, 1981) : l'enfant était alors considéré comme un objet de soins physiologiques et l'expert de l'enfance était le médecin. Dans la seconde moitié du XXe siècle, l'expert de l'enfance tend à devenir le psychologue. Il convient désormais de stimuler le développement psychologique de l'enfant, et ce, de plus en plus précocement, partant de l'idée, nouvelle, que tout se joue très tôt

(Dodson, 1972). L'enfant se voit considéré comme le père de l'adulte au niveau du développement cognitif (Pines, 1969) mais aussi affectif, dans le cadre d'une diffusion et d'une vulgarisation de conceptualisations notamment venues de la psychanalyse (valorisation de l'écoute de l'enfant et de la sécurisation affective). C'est l'époque des émissions de radio de Françoise Dolto, et de *best-seller* marqués par ces nouvelles valeurs éducatives (Delaisi de Parseval & Lallemand, 1980).

Pour plusieurs raisons, une diffusion de ces nouvelles valeurs éducatives psychologisantes se met en œuvre à l'école maternelle. Sa fréquentation évolue. Prost (1981, p. 87) affirme que les effectifs de l'école maternelle et des classes enfantines passent de 761 000 en 1948–49 à 2 245 000 en 1976–77[15]. Jadis fréquentée uniquement par les catégories populaires, elle se voit pénétrée par les catégories moyennes et supérieures (Plaisance, 1986). Or, ces nouvelles valeurs psychologisantes se diffusent tout particulièrement dans ces milieux sociaux. De là, « la demande des classes supérieures a chance [sic] d'exercer une influence essentielle dans la définition de l'institution chargée de la socialisation de la prime enfance » (Chamboredon & Prévot, 1973, p. 310). De même, à cette période, les enseignantes de maternelle se recrutent de moins en moins dans les milieux populaires. Grâce à deux recherches sur les instituteurs (1954–1955 et 1974–1975), Ida Berger (1979) a montré qu'au cours de ces années un lent embourgeoisement de ces derniers se met en place. Le pourcentage de pères d'instituteurs « cadres supérieurs. Professions libérales » passe de 5 % chez les instituteurs de sexe masculin (1954–55) et 10,5 % chez les institutrices (1954–55), à 17 % pour les instituteurs et 25 % chez les institutrices pour la deuxième étude, 20 ans plus tard. Les institutrices viennent donc de plus en plus de milieux dans lesquels prospèrent ces nouvelles valeurs éducatives psychologisantes.

Conceptualisation de l'enfant

Nous souhaitons maintenant proposer une analyse précise de la lettre de ces instructions de 1977, afin de mettre au jour la conceptualisation précise de l'enfant et de la relation adulte / enfant qu'elles proposent.

---

[15] L'urbanisation est une des causes de cet essor ; le travail des femmes, devenant un signe d'indépendance, en est une autre (Roussel, 1975).

Dans ces instructions, l'enfant se voit appréhendé avant tout comme une individualité, un « Moi » (l'ensemble des mots entre guillemets dans les paragraphes à venir sont des citations de ce texte [MEN, 1977]). La théorisation de cette individualité emprunte à de nombreux modèles théoriques, mais, parmi eux, la psychanalyse joue un rôle particulier. L'enfant est avant tout défini comme un être « affectif », un « être sensible, vulnérable ». Se voit soulignée l'importance de la sécurisation affective, dans la continuité des représentations de l'éducation propres à l'époque (Marcuse, 1968 ; Mendel, 1971). La référence à l' « affectivité » permet aussi de souligner l'importance des désirs en l'enfant. Rien moins que « dominé par ses désirs, ses fantasmes », il serait mû par des « pulsions de nature psychanalytique ». Cette « affectivité » est aussi référée à la notion de créativité : on retrouve ici l'idée, sinon le mythe, selon laquelle chaque enfant posséderait des talents cachés qui lui seraient propres (De Singly, 1996). Une éducation ne reconnaissant pas ces caractéristiques essentielles de l'enfant serait directement discréditée, l'enfant ne pouvant pas s'extraire de ses désirs. On retrouve ici l'influence de la pensée psychanalytique, et l'idée d'un Ça source de désirs qui s'imposent au Moi, qu'il le veuille ou non. On ne peut manquer ici le renversement par rapport à l'approche traditionnelle de l'enfant au sein de l'école. Guy Vincent (1980) montre qu'avec l'émergence de la forme scolaire au XVIIe siècle, l'enfance est associée aux « passions ». Il y a là une définition proche de celle présente dans ces instructions de 1977, où l'enfance est liée aux pulsions. Mais, tandis qu'avec la théorisation indissociable de la forme scolaire, cette assimilation enfance / passions entraînait une condamnation de la nature de l'enfant anté-scolaire, dans la circulaire de 1977, cette définition passionnelle de l'enfant n'appelle aucun jugement négatif à son égard. Notamment car cette « affectivité » de l'enfant est pensée comme étant à l'origine de l'ensemble des développements de l'enfant. Il s'agit des développements moteur et cognitif, c'est-à-dire notamment langagier, dans une inspiration cette fois chomskyenne (Florin, 1989).

Du rôle de l'adulte

L'enfant aurait ainsi besoin d'une relation affective sécurisante. Il est donc primordial d'avoir une vigilance vis-à-vis des transitions école / famille. Un équilibre est à trouver, selon le texte : des attitudes de « surprotection » pourraient aboutir à une « dépendance trop grande par rapport à l'adulte ». Sans « remplacer la mère », l'éducatrice doit créer un milieu sécurisant, permettant l'expression des enfants-Moi désirant. Elle les aime – la notion d'amour est présente dans ce texte –, mais non d'une manière « effusive ». Cet amour non effusif pourrait être un amour nourri des apports de la psychologie de l'enfant et de la psychanalyse (conscience de l'importance de la sécurisation affective). Ce climat affectif est aussi celui d'un collectif. Fêtes et occasions de se réjouir en commun sont évoquées. La thématique du rire apparaît aussi à deux reprises ; elle disparaîtra dans les instructions ultérieures.

Ainsi, un des rôles primordiaux de l'éducatrice de maternelle est de mettre en œuvre un milieu « permissif ». Premièrement, l'adulte saura s'abstenir d'imposer des comportements à l'enfant.

> La prégnance excessive des modèles donnés par [l'adulte] nuirait aussi, par blocage de la personnalité dans des structures fermées d'action et de pensée, au développement de la créativité. (MEN, 1977)

> L'exigence de liberté, souvent évoquée dans les débuts de chaque démarche éducative, conduit au rejet de tout stéréotype imposé de l'extérieur et susceptible d'enfermer l'enfant dans des structures dont sa personnalité resterait à jamais prisonnière. (MEN, 1977)

La deuxième citation dramatise ce type de comportements éducatifs, qui pourraient, « à jamais », enfermer l'enfant dans des conduites aliénées. Il semble y avoir ici une référence à une autre thématique psychanalytique, celle de la névrose (non sans caricature : la psychanalyse pose des possibilités d'émancipation par la cure).

À ce stade de l'analyse de ce texte, on s'interroge sur la possibilité même d'un enseignement. Si la classe est constituée d'une multiplicité de Moi différents, poursuivant chacun sa logique propre, l'éducatrice n'est-elle donc définie que par la négative ? Le texte ne va pas jusque-là car il travaille à mettre en œuvre des articulations entre les désirs du Moi et les apports de l'adulte. La personnalité de l'enfant est définie comme un ensemble de « forces ». Si, au nombre d'entre elles, on peut mentionner les « pulsions » évoquées précédemment, on y trouve également des « modèles que l'enfant emprunte au milieu social ». C'est là un trait caractéristique de ce texte : les « modèles » de conduites ou de pensées venus de l'extérieur peuvent être faits siens par l'enfant, et considérés comme des « forces » qui lui sont propres. Plus généralement, se dévoile ici une vision dialectique et optimiste des relations entre le Moi et l'Autre (éducation, société). Le texte va jusqu'à dire que « l'acceptation et la reconnaissance de l'altérité (…) favorisent […] l'affirmation du Moi ». On s'éloigne ici de la pensée freudienne, qui porte une opposition bien plus franche entre les désirs individuels et les règles sociales (Freud, 2010 [1920]).

L'enseignement et l'éducation sont donc possibles et même souhaitables. Pour autant, ils supposent un véritable art pédagogique, celui d'amener un apport adulte, sans nier le désir enfantin. La circulaire de 1977 affirme qu'il faut éviter « les apprentissages non motivés de comportement, dissociés de la personnalité totale de l'enfant ». On comprend ainsi pourquoi ce texte refuse d'être un « programme », listant des compétences à atteindre. Après les conceptualisations de l'enfant et de la relation adulte / enfant évoquées précédemment, le lecteur pourrait être étonné de constater la présence souhaitée de l'écriture en grande section. On pourrait considérer qu'apprendre aux enfants à écrire entre en contradiction avec la pédagogie de la libre initiative, et il semble que les auteurs s'en rendent compte comme en atteste l'utilisation du « malgré tout » dans la citation suivante :

> L'apprentissage du « tracé » des signes arbitraires peut, *malgré tout* [nous soulignons], être abordé, au moins en section des grands, à condition que l'instituteur fasse appel, chez l'enfant, au besoin de correspondre avec une personne absente et veille à ne proposer que des graphismes recouvrant des significations.

C'est ici l'éducation nouvelle que les auteurs mobilisent : la mise en œuvre d'un projet, au sens de la pédagogie de projet (Boutinet, 2015), pourrait permettre d'opérer la dialectique désir de l'enfant / initiation à des pratiques sociales telles que l'écriture[16].

La liberté de l'éducatrice

Dans les instructions de 1977, l'enfant n'est pas seul à être défini à partir de la notion de liberté : l'éducatrice est également caractérisée

---

[16] De façon proche, dans un autre texte issu du Ministère (MEN, non daté), légèrement postérieur (il s'agit d'un document expliquant comment mettre en œuvre en Éducation physique et sportive les orientations de 1977 ; ce texte n'est pas daté mais on devine à la lecture qu'il a été rédigé dans ce but), c'est l'observation préalable de l'enfant qui permet de réhabiliter l'activité imposée par l'enseignant(e). Le texte aborde la question des rondes. Ces dernières font partie de la tradition de l'école maternelle, mais ne peuvent advenir spontanément à la faveur de la pédagogie de la libre initiative ici défendue. Les auteurs affirment alors, peut-être avec une certaine gêne: « l'attitude du maître est alors franchement directive » (p. 13). Néanmoins, les rondes ne sont pas condamnées, si leur mise en place est liée à: « (…) l'observation du vécu préalable de la classe ». L'objectif est de concilier les nouvelles théorisations éducatives avec certaines traditions de l'école maternelle, fussent-elles « directives » (ici, les rondes), pour éviter de les remettre en cause, au risque que la dialectique frise la contradiction.

à partir de cette dernière. « L'enfant, être social en puissance, ne peut s'épanouir dans ce domaine qu'en reconnaissant ses camarades et son instituteur comme des êtres libres, comme lui, d'agir, d'imaginer, de critiquer » (MEN, 1977). Ici encore, on ne peut que souligner la différence entre la conceptualisation de l' « enseignant » selon ce texte et l'approche traditionnelle du professeur, dans la conceptualisation portée par la forme scolaire (Vincent, 1980). Avec la forme scolaire, le maître s'oppose au précepteur, parfois assez libre dans l'organisation de son enseignement et dans les objets d'apprentissage choisis. La forme scolaire va de pair avec une rationalisation de l'apprentissage (le même pour tous), qui passe par l'émergence de programmes et d'emplois du temps, auxquels le maître est soumis, tout autant que l'élève. Au rebours, dans le texte de 1977, à la liberté de l'enfant répond celle de l'éducateur. On retrouve la dimension optimiste de ce texte : il passe sur les potentiels conflits qui pourraient naître entre les deux « libertés », du maître et de l'enfant (comme d'ailleurs entre les Moi des enfants). Avec cette approche libertaire de l'enseignant, on comprend de nouveau pourquoi il ne pouvait s'agir ici de programmes ; ceci aurait mis à mal également la liberté de l'éducateur. Enfin, sur la liberté de l'enseignant, le texte envisage aussi qu'il puisse même définir des objectifs en plus de ceux définis par la circulaire de 1977.

2. Le retour pondéré d'une approche scolaire de l'enfant dans les instructions de 1986

Les années 1980 se caractérisent par le constat d'un échec relatif des politiques de démocratisation de l'enseignement (Prost, 1981), alors même que de fortes ambitions de formation pour tous s'affirment (thème des 80 % de réussite au Baccalauréat), dans le contexte aggravant de crise économique (fin des Trente Glorieuses). Ce n'est pas un hasard si le thème de la difficulté scolaire affleure dans ces orientations pour l'école maternelle de 1986[17]. Les années 1980 se caractérisent enfin par une critique des pensées libertaires des années 1960–1970, et, au niveau pédagogique, par l'émergence de la notion d'étayage (Bruner, 1983), notamment à la faveur des traductions de Vygotsky.

---

[17] « Des difficultés phonétiques peuvent apparaître, qu'il ne faut ni dramatiser, ni négliger. » (MEN, 1986).

La relation adulte / enfant : le retour de l'enseignant

Dans les instructions de 1986, la référence à l' « école » redevient légitime. Le Ministre Jean-Pierre Chevènement répond à certaines questions en préambule.

- question : Mais l'école maternelle, est-ce bien une école ?
- Le Ministre : Oui, sans aucun doute. La scolarité à l'école maternelle est certes particulière, mais c'est bien une scolarité. Elle met en place les premiers apprentissages. (MEN, 1986)

Le ministre ajoute : « L'école maternelle française est bien une école. C'est la première école ». Dans le cadre de la revalorisation de la référence « école », l'éducateur de maternelle redevient pleinement un enseignant. Même si le terme « programmes » n'est pas employé (il sera en revanche en 1995, et dans les instructions ultérieures jusqu'à nos jours), que l'école maternelle ait des objectifs scolaires préalablement définis est désormais bien plus assumé que dans les instructions de 1977. Le « malgré tout » (voir plus haut) n'est plus utilisé comme en 1977 quand il s'agit d'aborder l'apprentissage de l'écriture en grande section : « En grande section, il est *normal* [nous soulignons] que les enfants écrivent leurs nom et prénom, ainsi que des mots simples » (MEN, 1986).

L'enfant-Moi déchu ?

Une remise en cause de l'enfant-Moi se met corrélativement en œuvre.

Par là on voit que la personnalité n'est pas la simple manifestation de la puissance et de l'originalité de l'enfant ; elle est aussi le pouvoir acquis de se donner des règles : en cela elle se caractérise par l'autonomie. [L'enfant] reste libre tout en étant capable d'accepter les contraintes toujours plus nombreuses que ne manqueront pas d'imposer les exigences de la scolarité ultérieure et les tâches de la vie adulte (MEN, 1986).

Il s'agit de réhabiliter la contrainte contre les approches spontanéistes qui prévalaient précédemment. Il est notable que son retour se fait ici en termes psychologiques. Il y a donc non pas rupture par rapport aux thématiques psychologisantes, mais redéfinition des principes psychologisants dans un sens moins permissif (ou encore : justification scolaire en termes psychologiques). Nous verrons par la suite une émancipation plus forte vis-à-vis du vocable psychologisant. Des passages s'avèrent en outre critiques envers le jeu.

> L'activité de jeu est fondamentale à l'école maternelle, sans être exclusive. […] Il serait déraisonnable de vouloir que toute activité à l'école maternelle soit ludique. Ce serait non seulement trahir l'école, mais également tromper l'enfant et dénaturer le jeu. (MEN, 1986)

Revendiquer que l'école maternelle est une école, c'est donc affirmer qu'à côté du jeu, les activités non ludiques, c'est-à-dire contraignantes, sont également légitimes. Valorisation de l'effort, défense de l'importance de la contrainte de l'enfant, réserve vis-à-vis du jeu, autant d'éléments qui se rapportent à une certaine distanciation vis-à-vis des valeurs de l'éducation nouvelle, qui avait pourtant fédéré jadis les actrices des écoles maternelles, des inspectrices aux praticiennes (Prost 1981) (voir chapitre 3).

Du lien affectif dans les instructions de 1986

Quid du lien affectif ? Des continuités existent indiscutablement avec les instructions de 1977 (MEN, 1977), notamment autour de la sécurisation affective.

> Le bien-être psychologique et la sécurité affective doivent être l'objet d'un souci éclairé et sérieux. La présence acceptée d'objets venus de la maison, le secours en cas d'affolement ou d'ennui, la dérivation d'un chagrin sur des activités agréables, la possibilité de faire exprimer ce qui oppresse et ce qui fait peur sont autant d'éléments favorables au développement affectif de l'enfant. (MEN, 1986)

La thématique de l'objet venu de la maison apparaît chez Kergomard (2009 [1886], p. 50) mais il s'agit ici plus vraisemblablement du thème de l'objet transitionnel de Winnicott (2010). Pour autant, ces instructions se caractérisent aussi par un souhait d'introduire des références scientifiques variées, hétérogènes.

> Des disciplines aussi diverses que la psychologie génétique et générale, la pédiatrie, la diététique, la neurologie, la psychanalyse, la sociologie, les recherches spécifiquement pédagogiques contribuent, pour une part plus ou moins grande, à la connaissance de l'enfant. (…) Aucune théorie scientifique n'est un dogme et ne peut trouver d'application directe dans la pratique pédagogique.

Il pourrait s'agir d'une tentative de relativisation de l'influence de la psychanalyse. Dans ce texte, elle reste citée au nombre des disciplines permettant de connaître l'enfant. Ce sera sa dernière apparition dans les programmes de maternelle.

Le retour du modèle de l'enseignant va donc de pair avec une distanciation vis-à-vis du modèle de l'éducatrice quasi-psychologue (« L'école a en elle-même sa propre finalité, qui est la mesure de son sérieux »).

3. Les programmes de 1995 à 2008

Les programmes de 1995 : l'émancipation de la représentation scolaire de l'enfant

Les instructions de 1995 posent leur propos dans la continuité de 1986 : ils rappellent que la maternelle est une « école ». Mais en 1995, cette évocation va de pair avec une nouvelle donnée, le rattachement de la maternelle à l'ensemble du système éducatif. Avec la loi Jospin de 1989 (MEN, 1989), l'école maternelle a perdu son isolement au sein du système éducatif français (Garnier, 2016) pour devenir le cycle des « apprentissages premiers ». Une des raisons d'être de ces programmes de 1995 est donc de mettre en œuvre ce rattachement. D'ailleurs, l'intitulé de ces programmes est : « Programme pour chaque cycle de l'école primaire », programme qui comporte une simple annexe nommée « école maternelle ». Elle est ici considérée comme un moment de l'école primaire. Un objectif de mise en cohérence entre les cycles, mais aussi au sein de chaque cycle, est d'ailleurs à l'œuvre dans le texte.

La professionnalité du maître de maternelle se voit également repensée. Il est désormais appréhendé comme un « professionnel de l'enseignement » (MEN, 1995). Il sait déterminer les objectifs d'apprentissage des activités proposées et veille « à organiser les activités, à préciser les objectifs ». Il s'assure de la cohérence diachronique des apprentissages.

> Il appartient à l'équipe pédagogique de construire les activités de telle façon que chaque enfant, au cours de sa scolarité maternelle, soit confronté à chacun des contenus prévus ci-après. Cela implique de la rigueur et l'organisation d'une progression. L'improvisation n'a pas sa place. (MEN, 1995)

Ce n'est pas sans raison que ce texte se voit qualifié de « programmes » et non plus d' « orientations » comme en 1986 et 1977. Le renforcement de la représentation scolaire de l'enfant de maternelle va aussi de pair avec une montée en puissance de l'influence de la didactique. Il s'avère éclairant de comparer la manière dont l'enseignement des premières notions mathématiques est traité, dans les orientations de 1977, de 1986 et dans les programmes de 1995. Le tableau suivant mentionne l'ensemble des passages concernant les mathématiques dans ces trois textes officiels.

Tableau n° 1: L'ensemble des passages concernant les mathématiques dans les instructions de 1977, 1986 et 1995

Circulaire de 1977
La « créativité », à la fois effet et source de l'intelligence divergente, trouve également sa place en mathématique où certains croient devoir cultiver exclusivement l'intelligence convergente. Les coins de déguisement, de jeux, voisineront surtout chez les plus grands avec ceux réservés aux apprentissages premiers (mathématiques, lecture). Ces situations, organisées en vue d'objectifs précis, conduisent les enfants à des comportements plus restreints en quantité mais mieux orientés vers certaines formes d'exploitation (langage oral ou écrit, mathématique, expression corporelle ou plastique, etc.).

Orientations de 1986
Progressivement, l'enfant découvre et construit le nombre. Il apprend et récite la comptine numérique ; il établit des sériations, c'est-à-dire ordonne des collections en fonction de propriétés ; il compare des collections terme à terme. [Concernant les activités scientifiques et techniques, on lit :] ce faisant, l'enfant déploie, découvre et organise les relations logiques et mathématiques qui fondent la construction des objets, le repérage de leurs propriétés, et l'établissement de classifications.

Programmes de 1995
CLASSIFICATIONS, SÉRIATIONS, DÉNOMBREMENT, MESURAGE, RECONNAISSANCE DES FORMES ET RELATIONS SPATIALES Tous ces instruments du travail intellectuel qui deviendront plus tard des opérations de l'activité mathématique sont particulièrement utiles pour décrire la réalité et pour comprendre les phénomènes qui y surviennent. […] Approche du nombre Pour le jeune enfant, la quantification du monde qui l'entoure n'est pas d'emblée numérique, les quantités à estimer ou à produire peuvent dépasser ses possibilités de dénombrement. Progressivement, il apprend à construire un certain nombre de procédures et d'outils pour dénombrer les collections d'objets : – Estimation relative et globale des quantités (plus, moins, pareil) ; – Dénombrement de petites collections par une perception instantanée ; – Comparaison de collections à des collections naturelles (doigts de la main) ou à des collections repères (nombre de places autour de la table…) ;

Les programmes de 1995 à 2008

Tableau n° 1 : **suite**

- Fixation et extension de la comptine parlée
- Dénombrement en utilisant la comptine.

À travers la résolution de petits problèmes additifs ou soustractifs et de situations de distribution d'objets, l'enfant découvre les fonctions du nombre, en particulier comme représentation de la quantité.
Le nombre permet aussi, par son aspect ordinal, de décrire des hiérarchies et des rangements. Les activités porteront sur :
- La hiérarchisation de séries en utilisant la comptine numérique
- La comparaison de certaines dimensions des objets en utilisant un étalon.

Le retour de la figure de l'enseignant est indissociable d'un processus de complexification des objectifs d'apprentissages scolaires. Dans la circulaire de 1977, le nombre et les compétences pré-mathématiques ou mathématiques ne sont pas explicités dans un développement qui leur serait uniquement consacré. Les mathématiques apparaissent néanmoins dans ce texte, à trois reprises, mais très incidemment. Dans le premier passage, on encourage un apprentissage des mathématiques faisant appel à la créativité. Dans le deuxième passage, on apprend l'existence d' « apprentissages premiers » en maternelle (dont les mathématiques), mais sans que ce thème ne soit explicité ailleurs. Dans les orientations de 1986, les activités numériques trouvent droit de cité dans les grands domaines d'activité, plus précisément dans le dernier : « Les activités scientifiques et techniques ». L'apprentissage des nombres y est présenté comme ne s'effectuant pas en soi (du moins au début), mais dans le cadre de projets scientifiques et techniques ayant émergé dans la classe et invitant à l'utilisation du nombre (exemple : bricolage). Les savoir-faire visés commencent à être détaillés par l'utilisation d'un vocabulaire technique (« sériations »). Mais c'est dans les programmes de 1995 que l'explicitation et la description affinées des apprentissages se met véritablement en œuvre. Tandis qu'une phrase suffisait dans les orientations de 1986 pour expliciter ce que devaient être les apprentissages mathématiques en maternelle, plusieurs paragraphes sont nécessaires dans les programmes de 1995.

Dans ces programmes, la transformation de la définition sociale du métier d'enseignant(e) de maternelle passe aussi par la montée en puissance de la thématique de l'évaluation. L'évaluation que la/le professeur(e) des écoles doit mettre en œuvre sert en particulier à ajuster sa pratique, désormais conçue comme toujours en redéfinition et amélioration.

L'affirmation de la représentation scolaire de l'enfant se fait enfin au détriment de la représentation psycho-affective de ce dernier. Sans disparaître totalement, les thématiques psychologiques ne sont plus qu'évoquées furtivement, sans occasionner de longs développements. « Les activités proposées à l'enfant ont pour but de le conduire à exercer et à développer ses capacités motrices, *affectives* [nous soulignons], relationnelles, et intellectuelles. » ; « L'école maternelle offre à l'enfant un mode de vie qui répond à ses besoins physiologiques, *affectifs* [nous soulignons] et intellectuels et lui permet de trouver sa place dans des groupes divers ». Dans ces deux citations, l'affectivité apparaît au milieu d'une série d'autres choses, comme un élément parmi d'autres. C'est un déclin fort et caractérisé, par rapport aux instructions de 1977 et 1986.

Les programmes de 2002, dans la continuité de ceux de 1995

Les programmes de 2002 s'inscrivent globalement dans la filiation des programmes de 1995. Le « jeu » est peut-être un peu plus valorisé. Certains passages peuvent également relever de représentations psycho-affectives de l'enfant (importance de pouvoir s'isoler). Pour autant, ces thématiques cohabitent avec d'autres, désormais incontournables, comme la nécessité d'organiser rationnellement les apprentissages de la classe (par des « programmations ») ou la continuité entre les différents cycles, dans la lignée de la loi d'orientation de 1989 (MEN, 1989) et des programmes de 1995. Chaque domaine d'apprentissage est explicité avec une grande précision didactique, dans la continuité des programmes de 1995. Par certains aspects, la représentation scolaire de l'école maternelle est même renforcée dans les programmes de 2002. Le premier domaine devient un domaine lié à l'instruction et non plus à la vie collective (« vivre ensemble » dans les programmes de 1995) ou au développement de l'enfant (l' « affectivité » dans les instructions de 1977). Le premier domaine de l'école maternelle est désormais : « Le langage au cœur des apprentissages ». Le texte souligne que l'apprentissage du langage oral à la maternelle est au service d'un apprentissage plus global, celui de la langue française (MEN et Ministère de la Recherche, 2002, p. 13). La thématique de l'évaluation continue également son offensive, dans la continuité de la loi d'orientation de 1989 (MEN, 1989) et des programmes de 1995 : « l'évaluation est une dimension centrale de l'activité des enseignants, à l'école maternelle comme dans les autres niveaux de la scolarité primaire » (MEN et Ministère de la Recherche, 2002, p. 17). Un livret scolaire est obligatoire en maternelle depuis 1990 (des réticences se sont exprimées au cours de la décennie [Sauvage & Sauvage-Déprez, 1998]).

Les programmes de 2008 : l'affirmation continuée de la représentation scolaire de l'enfant

Les années 2000 voient l'émergence d'évaluations internationales visant à comparer l'efficacité des différents systèmes éducatifs. Le système éducatif français est y mal classé au sein des pays de l'OCDE[18]. En 2007, un rapport du Haut Conseil de l'Éducation (HCE, 2007) affirme qu'au sortir de l'école primaire française, 15 % des élèves rencontrent des « difficultés sévères ou très sévères » et que 25 % ont des acquis fragiles. Cette étude pointe donc le fait que l'échec scolaire apparaît dès l'école primaire. Fait marquant et nouveau : dans ce rapport, un lien est fait entre inefficacité de l'école élémentaire et manque de préparation adéquate de l'école maternelle : « L'école maternelle ne met pas tous les enfants dans les conditions de réussir à l'école élémentaire » (p. 21). La réflexion sur l'efficacité de l'école primaire aboutit donc à s'interroger sur celle de l'école maternelle. Entre 2004 et 2008, des voix s'élèvent par ailleurs pour la critiquer. Un inspecteur, sous le pseudonyme de Julien Dazay, affirme que l'on y garde les enfants plutôt qu'on ne leur délivre des apprentissages (Dazay, 2008). Ses propos se rapprochent parfois de ceux, postérieurs, de Xavier Darcos, alors Ministre de l'Éducation nationale, sur la toute petite section de maternelle, qui créèrent une polémique, le Ministre se demandant s'il était :

> « [...] vraiment logique (...) que nous fassions passer des concours bac + 5 à des personnes dont la fonction va être essentiellement de faire faire des siestes à des enfants ou de leur changer les couches ? » (article de Libération, 3 décembre 2008)

Ces points de vue sur la maternelle doivent également être resitués dans un contexte politique de réduction des dépenses publiques.

---

[18] OCDE : Organisation de coopération et de développement économiques.

Dans les programmes de 2008, la représentation scolaire de l'enfant progresse. Un domaine d'apprentissage se nomme désormais « devenir élève », proposant en creux une approche contraignante de l'école à l'opposé des valeurs de l'éducation nouvelle. Est également affirmée la nécessité d'un apprentissage de la « morale » (terme absent des programmes antérieurs), tout comme de la nécessité de « contrôler ses émotions », au rebours total des instructions de 1977, même si quelques traces fugaces d'approches psycho-affectives apparaissent ici ou là : « [l'enfant] exerce ses capacités [...] affectives » (MEN, 2008).

Conclusion du chapitre 1

Nous nous sommes penchés sur l'évolution du curriculum formel de l'école maternelle, de 1977 à 2008, dans l'objectif d'y étudier l'évolution des représentations dominantes de l'enfant de maternelle. En 1977, une approche psycho-affective et libertaire, notamment venue des catégories moyennes et supérieures, fait une offensive importante au niveau de ces textes prescriptifs. À partir de 1986 et dans les instructions et programmes suivants, l'approche scolaire de l'école maternelle, de l'enfant, de l'adulte et de la relation adulte / enfant (désormais pensée sur le modèle enseignant / élève) regagne en vigueur. Jusqu'en 2008, cette approche scolaire se met en œuvre en s'émancipant de plus en plus des représentations psycho-affectives de l'enfant. Les pédagogies liées à l'éducation nouvelle subissent aussi cette montée en puissance comme le montre l'évolution de la thématique du jeu. La contrainte de l'enfant, visant à le faire devenir élève, gagne progressivement en légitimité au cours de la période. Il y a là une rupture par rapport à la valorisation traditionnelle de l'éducation nouvelle en maternelle (Prost, 1981). La montée en puissance de cette approche scolaire de l'enfant semble avoir des causes diverses et multiples parmi lesquelles une évolution des conceptions éducatives dominantes (critique des approches « libertaires »). L'affirmation d'une approche scolaire de l'enfant et ses formes contemporaines particulières doivent aussi être corrélées aux nouvelles politiques publiques qui s'imposent durant cette période historique (années 1990, 2000, 2010) (Bezes, 2009). Les désormais « professeurs des écoles » (MEN, 1989) doivent en effet être en mesure de faire évoluer leurs pratiques pour les rendre plus efficaces, en développant une culture de l'auto-évaluation, qui évoque directement le passage d'une logique de qualification à une logique de compétence

(Dubar, 1996). Il nous faudra étudier les conséquences effectives de ces évolutions prescriptives du côté de la socialisation enfantine. Nous chercherons dans les chapitres suivants à rendre compte du curriculum réel, après ces trois décennies de gain de légitimité du rapport scolaire à l'enfant et de redéfinition de ce dernier.

Chapitre 2 : Du caractère scolaire des pratiques contemporaines

Le premier chapitre a permis de mettre au jour que, depuis les années 1970, la représentation scolaire de l'enfant et de l'école maternelle s'est très largement affirmée au niveau des textes officiels. Il nous revient désormais d'étudier les pratiques contemporaines afin de poser la question des continuités et discontinuités entre les *curricula* formel et réel. Les pratiques contemporaines sont-elles scolaires ? D'un point de vue scientifique, on s'interroge alors sur l'empreinte de la forme scolaire sur les pratiques ordinaires de l'école maternelle. Autre question : sont-elles scolaires comme le prescrivent les textes officiels ?

1. Dispositifs pédagogiques répandus et forme scolaire

La forme scolaire est une manière de faire apprendre indissociable d'un certain type de relation sociale et de pouvoir, aux propriétés précises (Vincent, 1980). Elle est liée à une organisation spécifique du temps et de l'espace, à des règles impersonnelles et contraignantes, qui s'appliquent aux enfants comme aux maîtres (programmes et emplois du temps). Pour savoir si les pratiques de l'école maternelle relèvent ou non de la forme scolaire, nous analyserons les « dispositifs pédagogiques ordinaires » d'une journée de maternelle. Par ce terme, nous désignons une configuration pédagogique relativement stable, identifiable, qui se retrouve d'une classe à l'autre. La notion désigne une manière de mettre les enfants en activité répandue dans telle ou telle institution (scolaire, préscolaire, périscolaire, etc.). Le dispositif pédagogique principal est un dispositif très répandu, souvent routinier, repris par de nombreux professionnels de l'institution en question. Être un « bon » praticien, c'est d'ailleurs souvent avant tout mettre en œuvre ces dispositifs pédagogiques principaux, attendus de la hiérarchie. Ils limitent *de facto* la liberté des praticiens (même si certains praticiens innovants s'en émancipent), étant inducteurs de pratiques, même s'ils peuvent parfois être mis en place de manières variées. Le recours à ce concept permet de porter une vision d'ensemble, globalisante, sur les pratiques, au-delà de la multiplicité des activités quotidiennes. Nous avons distingué trois types de dispositifs pédagogiques principaux : les moments de regroupements, les moments d'ateliers, et les moments moins cadrés (« accueil » et coins-jeux). Nous écartons de cette classification les moments d'activités physiques et sportives, qui appellent un traitement en soi sur la question de leurs liens ou non avec la forme scolaire (Faure & Garcia, 2003)[19].

Le regroupement

Le regroupement est un dispositif pédagogique lors duquel les enfants sont assis sur des bancs, l'enseignant(e) étant sur une chaise, au centre des bancs. Le premier type de regroupement est celui qui est nommé « rituels ». L'accueil des enfants (8h20–8h40 environ) se termine et les enfants se regroupent sur les bancs, autour de l'enseignant(e). Des activités collectives commencent, qui durent de 10 à 40 minutes environ selon les classes et niveaux. Le plus souvent, les élèves doivent déterminer quelle est la date. Souvent, les enfants de la classe sont comptés par l'enseignant(e) et/ou les enfants de la classe. Souvent aussi, les rituels se terminent par une présentation des activités que les élèves devront faire ensuite lors du moment dit d'« ateliers ».

À d'autres moments de la journée, les élèves se regroupent sur les bancs, comme lors du moment des rituels : on parle de « regroupements ». Des activités diverses sont menées : lecture d'histoire, comptines, jeux corporels, moments supposés d'apprentissage de telle ou telle notion (date, numération, etc.), etc. Les jeux sont rares. Lors de l'accueil (illustration n° 1), le matériel disposé a été choisi par la maîtresse, suivant certaines visées d'apprentissage comme cela a pu être constaté lors d'entretiens informels. L'enseignante apprécie ainsi qu'il soit investi de la manière prévue (par exemple, elle fournit des modèles de constructions avec les planchettes Kapla). Il n'en reste pas moins qu'une certaine marge de manœuvre existe dans le choix des activités, et que la maîtresse met rarement en œuvre un contrôle *a posteriori* de la réalisation. Une relative liberté de mouvement corporel est également acceptée lors de ce mouvement comme en atteste l'illustration n° 1.

---

[19] Des paragraphes de ce chapitre s'appuient sur des données publiées dans : (Leroy, 2017a).

Dispositifs pédagogiques répandus et forme scolaire 45

Illustration n° 1: L' « accueil » dans la classe d'Aude[20]

Illustration n° 2: Les « rituels », en rupture par rapport à l' « accueil » (classe d'Aude)

---

[20] Aude, 33 ans, exerce en petite section dans une école située en éducation prioritaire, dans un quartier très populaire de Paris.

Sur l'illustration n° 2 (photo prise quelques minutes après), les « rituels » ont commencé. À l'accueil, le corps de l'enfant peut être debout, assis, et même en mouvement au sein de la classe. Une autre socialisation du corps se met en place au niveau du regroupement. Chaque enfant est assis. Nombre d'entre eux sont enserrés entre deux camarades, ce qui limite les possibilités de mouvement. Le dispositif spatial du regroupement (bancs autour et/ou devant la maîtresse) est indissociable d'une volonté de favoriser l'attention de l'enfant vis-à-vis des activités initiées par la/le professeur(e) des écoles. L'enseignant(e) jouit d'une réelle centralité qui va de pair avec le fait que les activités menées aux bancs sont, dans leur très grande majorité, initiées par lui. Ces regroupements ne sont qu'exceptionnellement utilisés pour valoriser la parole spontanée de l'enfant et des activités de type « quoi de neuf ? », où l'enfant aborde un sujet de son choix. De même, c'est l'enseignant(e) qui donne la parole ou non ; l'enfant doit lever le doigt pour prendre la parole. Enfin, l'observation directe a permis de montrer que la participation au regroupement est obligatoire dans toutes les classes. Exceptionnelles sont les situations où les enfants peuvent choisir de ne pas assister aux regroupements (exemple : fatigue importante ou maladie).

Le « regroupement » est donc un dispositif pédagogique visant à favoriser l'attention de l'enfant, par une recherche de quasi-immobilité du corps assis et une maîtrise de soi. Lors des regroupements, l'enseignant(e) jouit d'une réelle centralité, initiant des activités ayant un déroulé précis et préétabli, distribuant la parole, à des enfants qui doivent lever le doigt et également se taire. Enfin, le regroupement est lié à une logique de contrainte scolaire, l'enfant n'ayant pas le choix d'y assister ou non. L'ensemble de ces caractéristiques permet de dire que le regroupement relève de la forme scolaire.

Les ateliers

Illustration n° 3: les ateliers (classe d'Aude)

Le moment des ateliers est un autre dispositif pédagogique principal de maternelle. Ce moment est au centre de la classe : centre spatial (les tables, disposées au milieu de la classe), et centre temporel : les rituels l'introduisent, et les jeux aux coins-jeux lui succèdent (voir plus bas). Les ateliers sont indissociables de consignes. En consultant le cahier journal de Jeanne[21], et en mobilisant les données de l'observation directe dans sa classe, il apparaît que seules cinq activités sur les 110 réalisées au premier trimestre aux ateliers n'avaient pas de consigne. La quasi-consubstantialité entre « ateliers » et consigne est par ailleurs confirmée par l'introduction qui en est faite lors des regroupements.

---

[21] Jeanne, 30 ans (6 ans d'ancienneté) exerce dans une classe de moyenne section / grande section (école située en Éducation prioritaire), dans un quartier très populaire de Paris.

9h05. « J'explique les ateliers » dit la maîtresse. « Que faut-il faire ici ? (...) » Puis la maîtresse explique une autre activité : « alors le 2e travail... [...]. L'atelier "reconnaissance de mots" [...] Que faut-il faire sur cette fiche ? Dans chaque titre, il va falloir entourer le mot "Noël". Et quand vous avez terminé, vous devez écrire le mot "Noël" et "Noël" en attaché ou en bâton. » (Jeanne, 13.12.2011[22]).

Dans la classe de Marinette[23], lors d'un atelier « mathématiques » lié à la manipulation de boutons, un élève joue à réaliser un escalier en disposant les boutons d'une certaine manière. Or, la professeure des écoles avait posé une consigne mathématique : chacun devait prendre deux boutons. « Un élève dit : "j'ai fait un escalier". La maîtresse : "dis-moi, qu'est-ce que j'avais demandé de faire ?" » (Marinette, 18.10.2012)[24]. Les observations menées confirment ainsi l'importance de la consigne à l'école maternelle, importance qui avait frappé les éducatrices allemandes visionnant une journée standard d'école maternelle française dans le cadre d'une recherche restituée par Brougère (2010). Plus généralement, le moment des ateliers possède de nombreuses caractéristiques qui rappellent les moments de regroupements : discipline du corps liée à la recherche de l'attention et centralité de l'enseignant(e), à l'initiative d'activités appelant une réalisation précise. Comme pour les regroupements, les activités des ateliers sont obligatoires et imposées à l'enfant qu'il le veuille ou non, ce qui est une des caractéristiques de la manière d'apprendre propre à la forme scolaire.

En dehors des moments de regroupements et d'ateliers, deux autres types de moments peuvent être distingués : l' « accueil » (illustration n° 1) et les moments de « coins-jeux ». Les caractéristiques de l' « accueil » ont été traitées précédemment. Elles sont moins scolaires : choix des activités par l'enfant (certes dans un panel réduit et choisi par l'enseignant(e)),

---

[22] Il y a ici une citation de notre cahier d'observation. Les phrases entre guillemets sont les citations exactes de l'enseignant(e). Il en ira de même dans la suite de l'ouvrage.

[23] Marinette, 55 ans (33 ans d'ancienneté en maternelle) exerce dans une classe de moyenne section présentant une certaine mixité sociale, à l'image du quartier.

[24] Ce passage n'est pas sans évoquer une description d'une scène de maternelle, par Brougère, lors de laquelle la maîtresse refuse qu'un élève montre un T-shirt fluo représentant des héros de franchise durant la classe (Brougère, 2015b, p. 44). L' « escalier » comme le T-shirt, indissociables d'initiatives enfantines spontanées, sont considérés comme des entraves à l'établissement de l'ordre scolaire, au « faire » prescrit par l'enseignant.e.

possibilité dans certaines classes de ne rien faire, rares contrôles de la manière dont l'activité est réalisée. Mais c'est un moment très bref dans la journée. Une coutume répandue veut qu'il doive cesser à 8h40 (les élèves arrivent entre 8h20 et 8h30 ou 8h40 selon les classes). Par sa brièveté par rapport à l'ensemble de la journée, ce moment est donc loin d'être emblématique du fonctionnement pédagogique des classes d'école maternelle.

Les coins-jeux sont quant à eux des espaces situés contre les murs, où les élèves vont lorsqu'ils ont fini l'activité qu'ils ont à réaliser aux ateliers. Les moments de coins-jeux ont des caractéristiques proches de l'accueil : possibilité de jouer avec les objets (même si, nous le verrons au chapitre 3, la/le professeur(e) des écoles préfère souvent une utilisation précise des objets mis à disposition) et absence de contrôle *a posteriori* de l'enseignant(e). Ces moments sont donc moins scolaires que les moments de regroupements ou d'ateliers. Mais ils occupent indiscutablement un temps bien plus réduit dans la journée. Les moments de « coins-jeux » jouissent en outre d'une légitimité moins grande que les moments d'ateliers et de regroupements. Ils se situent à la périphérie de la classe mais également à la périphérie de l'emploi du temps, venant après les ateliers. Aude résume : « le travail d'abord, le jeu libre ensuite ! » (Aude, 10.02.2012), traduisant ainsi un ordre temporel mais également une hiérarchie des légitimités (Brougère, 2015a). Les emplois du temps ne mentionnent souvent même pas ces moments, qui ne sont également jamais commentés dans les rapports d'inspection. Ainsi, moments d'accueil et de coins-jeux montrent certaines limites à la mise en œuvre de la forme scolaire. Mais ils occupent un temps réduit (en particulier l'accueil) et bien moins important que les temps d'ateliers et de regroupement. Nous poursuivrons leur analyse aux chapitres 3 et 5.

Évolutions historiques

Le retour aux rapports de Plaisance montre cependant que les exigences de discipline scolaire ne sont pas une nouveauté historique consécutive à l'évolution du curriculum formel de 1986 à 2008. La relecture précise de l'ouvrage de Plaisance (1986) permet aussi de redécouvrir ses conclusions sur le modèle « productif » (lié aux notions d'application et de discipline de l'enfant) et le modèle « expressif » (lié à l'expressivité voire la créativité de l'enfant), souvent reprises, au risque du raccourci. Il est caricatural de parler d'un modèle expressif supplantant le modèle productif. Éric

Plaisance analyse des corpus de 25 rapports, pour quatre périodes : 1945–1952, 1955–1960, 1965–1970 et 1975–1980. Si les indicateurs du modèle productif décroissent effectivement progressivement de corpus en corpus, ils concernent toujours 33,3 % de l'ensemble des jugements des inspectrices dans le dernier corpus (1975–1980), contre 50 % dans le premier (1945–1952). Le modèle productif ne disparaît donc aucunement durant la période d'expansion du modèle expressif et durant la période des instructions de 1977[25]. Le retour aux rapports même qu'utilisa Éric Plaisance permet d'ailleurs de mettre au jour de nombreux rapports où coexistent les deux approches de l'enfant, liées aux deux modèles. Ainsi du rapport 55 du corpus 1965–1970 (classe de moyenne section). Au sujet d'une séance de langage oral, critiquée par l'inspectrice, on lit :

> [La maîtresse] se décide à faire parler les élèves à propos de Froux le petit lièvre et de la vie dans la forêt : il s'agit d'une répétition, par quelques enfants de ce qui a été dit au cours d'exercices précédents, l'entretien n'a pas été vivant. La recherche de l'expression d'une pensée personnelle n'apparaît pas.

Ce passage montre bien l'attachement au modèle expressif. Mais, dans ce même rapport on lit, au sujet d'une activité de dessin :

> [...] la maîtresse doit aider à dépasser le niveau de l'expression spontanée, maintenir le thème, éviter dans la mesure du possible l'incohérence et la dégradation, la dispersion des intentions.

L'attachement à une certaine expressivité de l'enfant cohabite donc ici avec un jugement normatif sur les dessins des enfants. D'ailleurs, ce même rapport valorise également la discipline et l'ordre scolaire, comme de nombreux autres de l'époque, indiquant : « à surveiller, la tenue des enfants » (il s'agit d'une partie du rapport pré-imprimé, que l'inspectrice doit remplir, nommée « Tenue des élèves et discipline »). À ce titre, sur les 25 rapports du corpus 1965–1970, 23 rapports valorisent la discipline des élèves. Quelques exemples : « Madame L... entraîne ses élèves au travail et à la discipline scolaires. » ; « il y a nécessité à revenir à des habitudes d'ordre et d'application ». 19 rapports sur 25 valorisent l'application et l'effort des élèves (application à la tâche, soin, attention, effort) et 24 rapports sur 25 se penchent par ailleurs sur la qualité de réalisation (mention de la qualité de réalisation, résultats). La

---

[25] D'ailleurs, des conclusions proches se dégagent aussi du côté du modèle « expressif », loin d'être absent de la période 1945–1952 : 43,2 % des jugements des inspectrices s'y référaient alors (contre 50 % pour le modèle productif, soit à peine plus).

lecture de ces rapports montre par exemple que des activités en apparence « ludiques », tel que le chant, revêtaient alors une dimension technique très précise (justesse, rythme, etc.). Le chant n'est plus analysé avec ce type de catégorie dans le corpus de rapports 2000–2010. Nous avons ici évoqué les rapports d'inspection, mais de nombreux témoignages de l'époque sur les pratiques, en particulier Dannepond (1979), attestent également d'une mise en activité des élèves au moins en partie scolaire dans les années 1970. Les regroupements que nous avons observés nous ont paru relever de la forme scolaire. Notons qu'ils existaient déjà dans les années 1970. Ils sont même en quelque sorte les héritiers contemporains (à échelle plus réduite) des fameux bancs des salles d'asile (Luc, 1997). Le dispositif des ateliers, sous ses formes actuelles, semble lui plus récent. Même s'il apparaît au début du XXe siècle, il a évolué au cours du temps et en particulier depuis les années 1980. Joigneaux (2009b) a montré son évolution au cours du temps, indissociable de modulations récentes de la forme scolaire (Joigneaux, 2011) et de la montée en puissance de la figure d'un élève autonome – « autonomie » étant ici employé au sens sociologique du terme (Lahire, 2001 ; Durler, 2015).

2. L'évolution des types d'activité à l'école maternelle

Une autre manière de s'interroger sur l'évolution des pratiques scolaires consiste à prendre pour objet les domaines d'apprentissage les plus travaillés à l'école maternelle. Les transformations curriculaires des années 1980 à nos jours sont indissociables d'une montée en puissance des « fondamentaux[26] » (lecture, écriture, mathématiques) ou d'activités directement préparatoires à ces derniers (phonologie[27], graphisme[28]). Nous appellerons ainsi « activités liées aux fondamentaux » les activités de lecture, écriture, mathématiques, graphisme et phonologie. Les rapports d'inspection s'avèrent particulièrement utiles pour mettre au jour les activités les plus légitimes d'une époque, celles que l'on propose lors d'une

---

[26] Nous reprenons ici cette appellation courante qui rassemble les activités de lecture, écriture et mathématiques, mais en l'utilisant avec des guillemets pour signifier que nous ne souhaitons pas nous prononcer sur leur caractère fondamental ou non.

[27] La phonologie vise à acculturer les enfants à la discrimination auditive des sons et des syllabes, dans une perspective préparatoire à la lecture et l'écriture.

[28] Le « graphisme » consiste faire réaliser aux enfants des motifs (spirales, ronds, lignes brisées, etc.), dans une perspective préparatoire à l'écriture.

visite d'inspection. Nous pourrons tirer sur ce point des conclusions diachroniques en comparant les rapports du corpus 1965–1970 et ceux du corpus 2000–2010. Ensuite, nous comparerons ce résultat avec les résultats de l'observation directe.

Évolution diachronique

Nous comparons ici les 25 rapports du corpus de Plaisance 1965–1970 aux 25 rapports du corpus 2000–2010 constitué par nos soins (cf. introduction générale). Cette comparaison permet de mettre au jour que les activités les plus présentées aux inspectrices à l'école maternelle ont évolué des années 1965–1970 aux années 2000–2010. En 1965–1970 (tableau n° 2), les activités liées à la parole sont très fortement représentées : 19 rapports mentionnent les comptines et chants, 16 rapports évoquent le travail du langage oral, et 8 les récitations et poésie. Ensuite, le dessin apparaît aussi très souvent (17 sur 25) (Leroy, à paraître a). Les activités liées aux « fondamentaux » (lecture, écriture, mathématiques, phonologie, graphisme) ont une importance non nulle, mais bien moindre : l'écriture et le graphisme apparaissent dans 11 rapports, les activités liées à la lecture dans 5 rapports, tout comme les mathématiques.

Tableau n° 2 : Classés par ordre d'importance, les types d'activités dans les rapports du corpus 1965–1970[29]

Les activités apparaissant dans les 25 rapports de 1965 à 1970	
Comptines et chants	19 sur 25
Dessin	17 sur 25
Langage oral	16 sur 25
Écriture et graphisme	11 sur 25
Activités manuelles (autres que dessin et peinture)	10 sur 25
Récitation et poésie	8 sur 25
Activités physiques et sportives	7 sur 25
Mathématiques	5 sur 25
Lecture	5 sur 25
Jeux libres	5 sur 25
Lectures et récits d'histoire	4 sur 25
Peinture	1 sur 25
Logique, espace, temps	1 sur 25

---

[29] D'un point de vue méthodologique, n'ont été recensées que les activités s'étant déroulées lors de la venue de l'inspectrice. Nous n'avons pas comptabilisé les activités

L'évolution des types d'activité à l'école maternelle

Tableau n° 3 : Classées par ordre d'importance, les activités du corpus 1965–1970, section par section

8 rapports de petite section (dont une classe à double niveau : petite section / moyenne section)		10 rapports de moyenne section (dont une classe à double niveau : petite section / moyenne section[30])		8 rapports de grande section (aucun double niveau)	
Comptines, chants	6 sur 8	Dessin	8 sur 10	Dessin	6 sur 8
Langage oral	5 sur 8	Comptines, chants	8 sur 10	Écriture / graphisme	5 sur 8
Jeux libres	5 sur 8	Langage oral	7 sur 10	Lecture	5 sur 8
Activités manuelles	4 sur 8	Récitation et poésie	5 sur 10	Langage oral	5 sur 8
Activités physiques et sportives	3 sur 8	Écriture / graphisme	5 sur 10	Mathématiques	4 sur 8
Dessin	2 sur 8	Activités manuelles	4 sur 10	Comptines, chant	4 sur 8
Écriture / graphisme	1 sur 8	Activités physiques et sportives	4 sur 10	Récitation et poésie	3 sur 8
Lectures et récits d'histoire	1 sur 8	Lectures et récits d'histoire	3 sur 10	Activités manuelles	3 sur 8
peinture	1 sur 8	peinture	1 sur 10	Logique, espace, temps	1 sur 8
Lecture	0 sur 8	Mathématiques	1 sur 10	Lectures et récits d'histoire	0 sur 8
Mathématiques	0 sur 8	Jeux libres	1 sur 10	Activités physiques et sportives	0 sur 8
Récitation et poésie	0 sur 8	Lecture	0 sur 10	Peinture	0 sur 8
Logique, espace, temps	0 sur 8	Logique, espace, temps	0 sur 10	Jeux libres	0 sur 8

---

réalisées précédemment à l'inspection, parfois évoquées dans le rapport (commentaires de cahiers par exemple). De même, nous n'avons pas retenu les activités prescrites par l'inspectrice.

[30] Dans ce corpus, une seule classe était un double niveau (petite section / moyenne section). Les activités qui sont évoquées dans le rapport d'inspection concernant cette classe ont été rangées à la fois dans le tableau « petite section » et dans celui « moyenne section ».

L'analyse du tableau n° 3 permet de mettre au jour des différences entre les sections. Le nombre de rapports par section n'est pas très important, ce qui doit appeler à une certaine prudence pour ne pas sur-interpréter. Des lignes de force ne s'en dégagent pas moins. Avec une présence significative des jeux libres (5 sur 8), la petite section apparaît comme une classe ayant sa spécificité par rapport au reste de la maternelle. Cette activité disparaît quasiment en moyenne et grande sections. Du côté des activités liées aux « fondamentaux », on travaille en petite section uniquement l'écriture, par le graphisme (ni mathématiques, ni lecture). En moyenne section, il en va de même : les activités liées aux « fondamentaux » ne sont représentées que par l'écriture et le graphisme (ni mathématiques, ni lecture). Les choses changent en grande section. Sûrement dans une perspective préparatoire au CP, lecture, mathématiques, écriture et graphisme apparaissent très souvent. Un rapport évoque même l'importance de commencer à lire des livres, si le niveau de l'élève le permet, ce qui n'est jamais le cas aujourd'hui en grande section. Pour autant, dessin, activités de langage oral, comptines et chants ne disparaissent pas de cette classe et gardent une importance équivalente à celle des activités liées aux « fondamentaux », dans une logique de cohabitation, ce qui est congruent à l'article de Dannepond (1979), restituant des observations du début des années 70.

Ces résultats montrent avec intérêt que l'école maternelle des années 1965-1970 était loin de négliger les activités liées aux « fondamentaux ». Malgré l'affirmation d'un modèle « expressif » (Plaisance, 1986) valorisant l'expression voire la créativité enfantines, on travaillait toujours l'écriture (par le graphisme) en petite et moyenne sections et la grande section jouait déjà un rôle de transition pour les autres « fondamentaux », bien avant qu'on la situe à cheval sur les cycles 1 et 2 (MEN, 2008).

Quid des rapports de la période 2000-2010 ?

Tableau n° 4 : Classés par ordre d'importance, les types d'activités dans les rapports du corpus 2000–2010[31]

Les activités apparaissant dans les 25 rapports de 2000 à 2010	
Langage oral	18 sur 25
Lecture	16 sur 25
Mathématiques	15 sur 25
Activités physiques et sportives	13 sur 25
Écriture et graphisme	12 sur 25
Logique, espace, temps	11 sur 25
Activités manuelles (autres que dessin et peinture)	8 sur 25
Comptines et chants	6 sur 25
Peinture	4 sur 25
Lectures et récits d'histoire	5 sur 25
Jeux libres	1 sur 25
Récitations et poésie	1 sur 25
Dessin	1 sur 25

Les activités liées aux « fondamentaux » gagnent en importance. La place de l'écriture demeure la même. En revanche, les mathématiques (de 5/25 à 15/25) et les activités liées à la lecture (de 5/25 à 15/25) augmentent très nettement. Cette affirmation ne se fait pas au détriment du langage oral, qui conserve une importance dans les rapports du corpus 2000–2010. Par contre, les autres activités liées à la parole baissent très significativement : comptines et chants accusent une baisse d'importance réelle ; récitations et poésies disparaissent presque. L'observation directe a permis de confirmer que les récitations et poésies étaient aujourd'hui exceptionnelles. Le dessin accuse une baisse spectaculaire entre les deux corpus de rapports, disparaissant presque (Leroy, à paraître a). Le jeu libre disparaît aussi quasiment (de 5/25 à 1/25).

---

[31] Les activités phonologiques sont comptabilisées en « lecture », de même que les activités de reconnaissance de lettres et de mots. Nous avons distingué les « lectures et récits d'histoire » des apprentissages portant plus techniquement sur l'apprentissage de la lecture. Enfin, une activité manuelle ayant une finalité de « graphisme » évidente a été classée à la fois dans la catégorie « activité manuelle » et « graphisme ».

Tableau n° 5 : Classées par ordre d'importance, les activités du corpus 2000–2010, section par section

Petite section : 7 doubles niveaux et 4 niveau simple		Moyenne section : 11 doubles niveaux et 3 niveaux simples		Grande section : 6 doubles niveaux et 7 niveaux simples	
Langage oral	7 sur 11	Langage oral	9 sur 14	Lecture	11 sur 13
Activités physiques et sportives	6 sur 11	Activités physiques et sportives	8 sur 14	Mathématiques	9 sur 13
Mathématiques	6 sur 11	Mathématiques	7 sur 14	Écriture / graphisme	8 sur 13
Logique, espace, temps	5 sur 11	Lecture	6 sur 14	Langage oral	8 sur 13
Écriture / graphisme	5 sur 11	Logique, espace, temps	5 sur 14	Logique, espace, temps	7 sur 13
Comptines et chants	3 sur 11	Écriture / graphisme	5 sur 14	Activités physiques et sportives	5 sur 13
Lecture	3 sur 11	Lectures et récits d'histoire	3 sur 14	Activités manuelles	4 sur 13
Activités manuelles	3 sur 11	Comptines et chants	3 sur 14	Comptines et chants	3 sur 13
Peinture	2 sur 11	Activités manuelles	3 sur 14	Peinture	2 sur 13
Lectures et récits d'histoire	1 sur 11	Récitation et poésie	1 Sur 14	Lectures et récits d'histoire	2 sur 13
Jeux libres	1 sur 11	Jeux libres	0 sur 14	Récitation et poésie	1 Sur 13
Dessin	1 sur 11	Peinture	0 sur 14	Jeux libres	0 sur 13
Récitation et poésie	0 Sur 11	Dessin	0 sur 14	Dessin	0 sur 13

Il n'est pas simple de comparer la présence des activités section par section dans ce corpus, sachant qu'il présente bien plus de classes à double niveau que le premier corpus[32]. Quelques résultats semblent néanmoins se dégager. En premier lieu, les activités liées aux « fondamentaux » semblent avoir gagné en importance dans toutes les sections. Dans les classes

---

[32] D'un point de vue méthodologique, le tableau n° 5 a ainsi été réalisé de la manière suivante : une activité se déroulant dans une classe à double niveau a été rangée dans les deux niveaux.

de petite section à niveau unique et dans les classes de double niveau comportant une petite section du corpus 2000–2010, les mathématiques sont devenues une activité parmi les plus présentes au sein des rapports. On peut noter qu'elles apparaissent également dans l'unique classe de toute petite section / petite section du corpus. La lecture devient aussi légitime (activités de reconnaissance des lettres en particulier). Ajouté au fait que le jeu libre disparaît presque (1 sur 11), on constate ici de profonds changements au niveau de cette section, désormais bien plus investie sur la question des « fondamentaux ». L'affirmation des activités liées aux « fondamentaux » se retrouve en moyenne section : mathématiques et lecture y sont désormais légitimes. Les classes de grande section du corpus 1965–1970 avaient déjà un rôle préparatoire au CP. Ce rôle se trouve tout à fait renforcé dans le corpus 2000–2010 au point que les activités liées aux « fondamentaux » deviennent dominantes, ce qui n'était pas le cas dans l'autre corpus.

Les pratiques attestées par l'observation directe

L'observation directe a permis de confirmer l'importance des activités liées aux « fondamentaux » au niveau du curriculum réel, dans le quotidien de la classe, hors des moments d'inspection. Le tableau n° 6 quantifie leur nombre, dans la classe de Jeanne, durant un trimestre, aux ateliers.

Tableau n° 6: Activités liées aux « fondamentaux » lors des ateliers[33] durant un trimestre : classe de Jeanne (moyenne section / grande section)

Lecture et phonologie	38
Écriture et graphisme	18
Mathématiques	13
Total :	**69 (sur 110)**

Ce tableau montre que 63 % des activités de sa classe (69/110), lors des ateliers, sont liées des activités liées aux « fondamentaux ».

---

[33] Plusieurs activités peuvent se dérouler lors d'un atelier (exemple : réalisation de deux fiches d'activités). Les activités d'images séquentielles ont été classées en « lecture ». Les activités de « dictée à l'adulte » ont été classées en écriture.

Tableau n° 7 : Activités liées aux « fondamentaux » lors des ateliers[34] durant un trimestre (classe de grande section de Florence[35])

Graphisme et écriture	13
Lecture et phonologie	11
Mathématiques	11
Total :	**35 (sur 49)**

Des résultats comparables apparaissent dans la classe de grande section de Florence (tableau n° 7), fortement marquée par le souhait de mettre en œuvre des pédagogies inspirées de l'éducation nouvelle comme nous le verrons au chapitre suivant. 71 % (35/49) des activités aux ateliers sont liées aux « fondamentaux ». Ces résultats nous paraissent congruents aux résultats de l'analyse des rapports d'inspection du corpus 2000–2010, attestant de l'importance contemporaine de ce type d'activités.

Pourtant, l'observation directe a également permis de mettre au jour des discontinuités entre l'image donnée par les rapports d'inspection des pratiques contemporaines, et les pratiques effectives. La question de l'oral est ici emblématique. A en croire les rapports d'inspection du corpus 2000-2010, l'oral est une activité fortement travaillée par les professeur(e)s des écoles. Or, durant les 50 jours d'observation directe, quasiment aucune séance de travail du langage oral lors des ateliers (soit en petit groupe) n'a été constatée, et ce, alors même qu'il est censé être le premier domaine d'apprentissage de l'école maternelle, selon les programmes en vigueur à l'époque (MEN, 2008). Jeanne reconnaît ne pas arriver à faire d'atelier lié au langage oral. Cela lui semble incompatible avec le système des ateliers (Jeanne, 06.11.2011). Nous verrons plus bas que cette organisation pédagogique est en effet plus favorable aux activités liées à l'écrit. Nous faisons ici l'hypothèse que si les rapports

---

[34] Dans la catégorie « lecture » ont été rassemblées les activités d'images séquentielles, les activités de reconnaissance de mots, de sons et les activités liées à la connaissance du prénom. Dans la catégorie graphisme, il s'agit des activités permettant d'apprendre un motif graphique. Dans la catégorie écriture, il s'agit des activités d'écriture, mais aussi de dictée à l'adulte. Dans la catégorie mathématiques, les activités liées au comptage, et à la connaissance des chiffres. Ce tableau se centre sur les objectifs d'apprentissage, non sur les types d'activités : par exemple, le graphisme peut être travaillé aussi bien sur fiche, que dans le cadre d'une activité d'arts plastiques.

[35] Florence, 45 ans (18 ans d'ancienneté, dont 15 en maternelle) exerce dans une classe de grande section. Son école (éducation prioritaire) est située dans un quartier très populaire de Paris.

d'inspection du corpus 2000–2010 mentionnent de nombreuses activités d'oral (18/25), c'est en fonction des attentes institutionnelles de l'époque, considérant l'oral comme le premier objectif de l'école maternelle. De fait, la lecture précise des rapports atteste du fait que les apprentissages oraux ont lieu essentiellement lors des regroupements (c'est-à-dire avec l'ensemble des élèves de la classe, ce qui limite beaucoup les prises de parole).

Plus généralement, l'observation directe a aussi permis de montrer une logique de colonisation des autres types d'activités par les « fondamentaux », qui ne pouvait être facilement décelée dans les rapports. Ceci est particulièrement le cas pour les activités du domaine « Percevoir, sentir, imaginer, créer », très largement investies par les objectifs de « graphisme ».

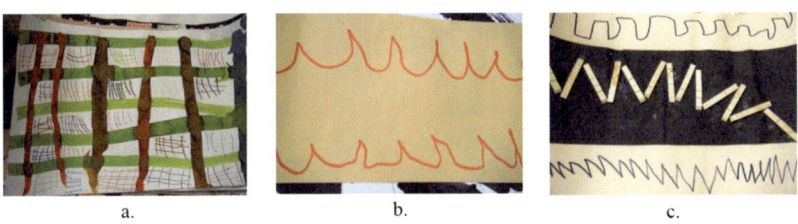

a.   b.   c.

Illustration n° 4: Des activités d'art plastique dans la classe de Sophie[36]

Dans la classe de Sophie, il a été possible de reconstituer l'ensemble des activités réalisées en peinture durant un trimestre. Au moins quatorze d'entre elles relèvent du graphisme. L'illustration n°4 en restitue quelques unes (a. : traits verticaux et horizontaux ; b. : ponts inversé ; c. : lignes brisées et « vagues »). Dans d'autres classes, la perspective de Noël est l'occasion de réaliser des décorations avec des motifs graphiques ; ailleurs, c'est l'étiquette-prénom du casier qui est « décorée » en graphismes. Dans certaines classes, le graphisme est ainsi omniprésent : étiquettes-prénom, casiers, affichages, pourtours des fiches d'activités à « décorer » quand on a fini les exercices qu'elle contient (Coraline, observation du : 04.12.2012). Tout se passe comme s'il n'était pas possible de faire des activités d'arts plastiques sans y introduire de finalités de graphisme. Ceci est d'autant

---

[36] Sophie, 27 ans, exerce en classe de petite section / moyenne section, dans une école (éducation prioritaire) située dans un quartier très populaire de Paris.

plus étonnant qu'y compris les programmes de 2008 évoquent de nombreux objectifs spécifiques propres au domaine « Percevoir, sentir, imaginer, créer ».

Illustration n° 5: Travaux d'arts plastiques inspirés de Mondrian affichés dans le couloir (classe d'Isia[37])

Une activité chez Isia (illustration n° 5) fut particulièrement emblématique de ce phénomène. Elle a choisi ici de faire copier des œuvres de Mondrian. Elle s'est dirigée vers cet artiste car ses œuvres permettent de travailler l'exécution des lignes horizontales et verticales. Or, du propre aveu de cette maîtresse, elle a omis dans les séances de citer le nom même du peintre, prise par la poursuite des objectifs de graphisme (Isia, 17.01.2012). Il pourrait y avoir là un symbole : les finalités d'initiation aux œuvres patrimoniales pèsent peu par rapport aux objectifs liés aux « fondamentaux ». L'importance prise par le graphisme dans les activités manuelles ou « artistiques » pourrait être une des explications de la disparition de certaines activités, qui apparaissaient dans le corpus 1965–1970 : vannerie, céramique, mais aussi dessin, sous ses diverses formes.

De l'ensemble de ces résultats, il ressort que, dans les années 1965–1970, l'école maternelle avait ses domaines relativement propres (dessin, comptines, chants, poésie, récitation, poésie, activités manuelles, langage oral) distincts des activités « emblématiques » de l'école, liées aux « fondamentaux » lecture, écriture, mathématiques, phonologie, graphisme. Ces domaines relativement propres à la maternelle pouvaient d'ailleurs avoir une utilité pour l'école élémentaire (dessin pour l'écriture ;

---

[37] Isia, 31 ans (8 ans d'ancienneté, exclusivement en maternelle), exerce en petite section dans une école (éducation prioritaire) d'un quartier très populaire de Paris.

poésie et langage oral pour l'écrit). Un terme décrivait à l'époque cette logique, celui de « propédeutique » (MEN, 1977), tombé depuis en désuétude. Le terme qualifie une préparation nécessaire à l'étude, *à venir*, d'une science. Dans la période contemporaine, les « fondamentaux » sont déjà présents à l'école maternelle, les activités de lecture, écriture et mathématiques se mêlant dès la petite section aux activités préparatoires à elles (graphisme et phonologie). Dès la petite section, on constate des activités de reconnaissance des lettres, de reconnaissance de mots (lecture), des activités de comptage, et parfois d'écriture (écriture du prénom). L'époque contemporaine s'avère ainsi moins propédeutique mais à la fois préparatoire et initiant d'ores et déjà aux fondamentaux.

Conclusion du chapitre 2

Le recours au concept de forme scolaire a permis de porter un regard surplombant, au-delà de la multiplicité des activités quotidiennes. Les moments de regroupement et d'ateliers peuvent être considérés comme des avatars contemporains de la forme scolaire. Obligatoires, appelant effort et concentration, ils cherchent à faire de l'enfant un élève. Ils acculturent aussi l'enfant à un travail des émotions, au sens de Hochschild (2017) : les enfants y apprennent à se contenir, se concentrer, différer l'expression de certains sentiments. S'il existe aussi des moments d'accueil et de coins-jeux qui, eux, ne relèvent pas de la forme scolaire, leur place fort réduite dans la journée atteste aussi en creux du primat de légitimité du rapport scolaire à l'enfant.

Nous avons cependant vu que l'objectif de faire de l'enfant un élève existait aussi dans les années 1960–1970 (recherche d'ordre, de discipline, de réalisation précise), parfois dans le cadre de dispositifs pédagogiques identiques à ceux constatés aujourd'hui (regroupement par exemple). Pour autant, des évolutions semblent aussi avoir lieu, attestant de nouvelles modalités de mise en œuvre la forme scolaire. La période contemporaine semble caractérisée par de nouvelles manières d'envisager les ateliers ; les enfants doivent être plus autonomes que jadis (Joigneaux, 2009a), un mouvement qui a semble-t-il été entamé dès les années 1970 (Dannepond, 1979). En outre, la spécificité des ateliers contemporains réside aussi dans le fait qu'ils s'avèrent bien plus aiguillés par l'objectif d'initier les enfants aux « fondamentaux ». Dans les petites sections contemporaines, on travaille désormais écriture, mathématiques et lecture (reconnaissance des lettres ou du prénom), ce qui n'était pas le cas jadis. *In fine*, les « fondamentaux » sont apparus plus présents dans les pratiques que demandés par les textes officiels. Les professeur(e)s des écoles seraient-elles/ils plus « royalistes que le roi » ? Ceci pourrait s'expliquer par la nécessité de donner à voir le caractère « école » de leurs pratiques, aux inspecteurs, mais aussi aux parents[38].

---

[38] Voir sur ce point la question des fiches au chapitre 3.

Chapitre 3 : Quelle empreinte pour les pédagogies de l'éducation nouvelle ?

Le chapitre précédent a permis de mettre au jour l'empire de la représentation scolaire de l'enfant et d'explorer certaines de ses spécificités contemporaines. Nous prolongeons ici l'analyse des pratiques ordinaires de l'école maternelle contemporaine, et des représentations de l'enfant qu'elles engagent, en nous interrogeant cette fois sur l'empreinte des pédagogies de l'éducation nouvelle. C'est là une autre entrée pour caractériser les spécificités des mises en œuvre contemporaines de la forme scolaire en maternelle et du rapport à l'enfant qu'elles induisent. L'éducation nouvelle est un courant hétérogène de praticiens et de théoriciens qui, au début du XXe siècle, ont défendu des visions nouvelles de l'école et de la relation d'enseignement. Au-delà des nombreuses divergences de points de vue au sein de ce courant, son unité réside dans le souhait de mettre en œuvre une relation d'apprentissage davantage fondée sur la prise en compte des intérêts ou désirs des enfants plutôt que sur leur contrainte pure et simple. Le recours au jeu éducatif (Decroly, Montessori), ou au projet (Dewey) permettrait d'éviter la décontextualisation des apprentissages et leur isolement de la « vie ». Des travaux ont montré qu'au niveau des pratiques ordinaires mettant en œuvre ces pédagogies, l'ordre et l'autorité étaient loin d'être absents (Gasparini, 2000). Dans leur continuité, et sachant que l'éducation nouvelle n'abolit ni le maître, ni l'école, ni souvent les objectifs d'enseignements préalablement définis, nous partirons de l'idée que, le plus souvent, elle propose moins l'abolition de la forme scolaire qu'une autre manière de la mettre en œuvre, autrement fondée.

On sait que l'école maternelle a historiquement été un terrain propice au développement de ces pédagogies (Prost, 1981). Narrant les souvenirs de sa longue carrière, l'institutrice Naud-Ithrubide note en 1963 :

Ce que l'on appela l'éducation nouvelle avait déjà, dès les années 1905 à 1910, formulé avec Dewey, Decroly, Claparède, Mme Montessori ses vues « révolutionnaires ». C'est au lendemain de la guerre que dans le besoin de renouveau d'un monde ébranlé, elles se propagèrent partout. L'école maternelle, hors de l'obligation scolaire, dut à l'âge de ses enfants et autant à la curiosité ouverte de ses institutrices, une liberté qui lui permit plus qu'à tout autre établissement scolaire français une rencontre avec les idées nouvelles. (Naud-Ithurbide, 1963, p. 11).

Plus tard, autour de 1970, Dannepond (1979) évoque aussi à sa manière une certaine poussée des pédagogies de l'éducation nouvelle. Nous chercherons dans ce chapitre à mettre au jour l'influence contemporaine de ces pédagogies. Le premier chapitre a montré que son influence avait diminué progressivement au niveau prescriptif, durant la période 1986–2008. *Quid* des pratiques ? Ce chapitre sera en un sens complété par le chapitre 6, qui étudiera le renouveau très récent de la référence à Montessori et les bougés de pratiques qu'il induit.

1. Les entretiens : affiliation moyenne aux valeurs de l'éducation nouvelle

Les dix entretiens semi-directifs qui ont été menés ont visé à jauger le degré d'adhésion des maîtres(se)s contemporain(e)s aux valeurs et à certaines pratiques liées aux pédagogies de l'éducation nouvelle. Les maîtres(ses) ont pu être réparti(e)s de la façon suivante. Deux maîtresses ont pu être identifiées comme des militantes contemporaines de l'éducation nouvelle (Florence, Ophélie[39]). Dans la filiation de l'éducation nouvelle, elles soulignent la nécessité d'activités s'appuyant sur le « désir » et les « envies » enfantines. Elles critiquent les pédagogies qui réduisent l'élève à un exécutant des consignes du maître. Huit enseignant(e)s s'avèrent en revanche attaché(s)s à la contrainte au sein de la relation éducative. Isabelle[40] affirme :

> M (maîtresse) : on vient à l'école pour apprendre des choses et pour travailler…
>
> E (enquêteur) : et si ça ne leur plaît pas par exemple ?

---

[39] Ophélie, la trentaine, exerce dans une école située en éducation prioritaire (quartier populaire de Paris).

[40] Isabelle, 60 ans, maîtresse de moyenne section dans une école parisienne présentant une certaine mixité sociale.

M : Je leur dis que c'est mieux si ça leur plaît mais bon c'est très difficile de faire que ce qu'on n'a pas envie de faire et que forcément il y a des choses que l'on n'a pas envie de faire mais qu'on doit les faire quand même ...
E : donc c'est qu'il faut le faire... (rires)
M : c'est pas forcément plaisant... c'est mieux si ils sont contents d'être là mais il y a des choses même si ils ont pas envie, c'est obligé ! C'est obligé de se laver les dents, de se laver, c'est obligé de manger, c'est obligé de venir à l'école... voilà. (Isabelle, entretien du 21.01.2009)

Des propos proches apparaissent chez les autres maîtres(e)s défendant l'importance de la contrainte : « ils doivent (...) comprendre ce qu'on attend d'eux » (Bernadette[41], entretien du 23.01.2009) ; « il y a des choses qu'on est obligé de faire » (Violette[42], entretien du 13.03.2009). Ces huit enseignant(e)s offrent des déclinaisons diverses, plus ou moins critiques des valeurs et pratiques de l'éducation nouvelle. Ce groupe va d'enseignant(e)s défendant l'importance de la contrainte de l'enfant et parfois aussi les valeurs de l'éducation nouvelle, à des enseignant(e)s qui la critiquent de manière acerbe. Isabelle évoque par exemple une classe Freinet de CP dont elle a entendu parler, où les enfants n'auraient su lire à Noël que « pipi, caca, et prout » (entretien 21.01.2009).

En somme, il ressort trois choses des entretiens. Premièrement, rares sont les militants contemporains de l'éducation nouvelle, s'affiliant à ces pédagogies, ou à l'une d'entre elles, de manière « totale ». Florence et Ophélie n'hésitent pas à critiquer certaines dérives, par exemple liées aux « conseils » d'enfants (qui pourraient parfois devenir, selon elles, des tribunaux) manifestant un jugement indépendant. Deuxièmement : pour autant, des pratiques issues de l'éducation nouvelle semblent aussi s'être diffusées au sein des pratiques ordinaires, y compris chez les enseignant(e)s les plus « traditionnel(le)s ». Ainsi du « jeu » : exceptionnels sont les maîtres qui ont une réelle et assumée aversion à son endroit. Troisièmement, et c'est un point capital : malgré tout, ces éléments cohabitent avec le fait que les maîtres(se)s assument en grande majorité le caractère « école » de l'école maternelle, et du même coup l'idée selon laquelle le rapport éducatif y serait contraignant. Ce pourrait être une nouveauté historique, par rapport à la tradition de « pédagogie de l'école maternelle », qui selon Prost (1981)

---

[41] Bernadette, 50 ans, maîtresse de moyenne section, école présentant une certaine mixité sociale (Paris).
[42] Violette, 55 ans, maîtresse de moyenne section / grande section, école de milieu bourgeois (centre de Paris).

se caractérisait par l'idée que les élèves apprendraient sans être contraints. « La réputation des maternelles et leur prestige pédagogique tiennent à ce qu'elles concilient deux exigences ailleurs incompatibles : elles font apprendre sans ennuyer ni contraindre » (pp. 100–101). La quasi-totalité des enseignant(e)s contemporain(e)s voit l'école maternelle comme le début de l'école, et donc comme un lieu où s'exerce tout naturellement la contrainte scolaire. À la différence de certains de leurs aînés nous semble-t-il, la grande majorité des maîtres(se)s d'aujourd'hui ne cherchent pas à le cacher, ou le maquiller, par le biais de pédagogies empruntées à l'éducation nouvelle. Ceci n'est pas sans lien avec l'arrimage à l'ensemble du système éducatif notamment mis en œuvre par la loi Jospin de 1989.

2. La pédagogie de projet : état des lieux

Étant donné que le projet est apparu dans les entretiens comme une modalité revendiquée par les enseignant(e)s les plus affilié(e)s à l'éducation nouvelle, il nous est apparu nécessaire d'étudier sa place au niveau des pratiques ordinaires pour juger de l'influence contemporaine de l'éducation nouvelle.

Le projet qui « donne du sens aux apprentissages »

Florence l'a particulièrement défendu comme un moyen de prendre en compte les « envies » des enfants et ne pas le réduire à un « exécutant »[43].

> M (Maîtresse) : oui je travaille toujours par projets, sinon il n'y a pas beaucoup de sens dans les apprentissages… il y a beaucoup d'enfants sinon ils sont à l'école [sic] mais ils savent pas pourquoi… là j'essaye de donner un sens à tout ce qu'ils font… là pour la lecture et l'écriture, il y a un projet de correspondance, qui fait qu'il y a un sens… on va écrire pourquoi ? Parce qu'on a besoin d'écrire à des gens qui sont à Madrid, on peut pas faire autrement… on va travailler sur des crabes en arts plastiques, ou en pâte à modeler, parce qu'on va faire la maquette, parce qu'on va en classe de mer, ils savent vraiment où ils vont, pourquoi… et je pense qu'ils y prennent plaisir… (Florence, 16.03.2009)

Cette citation permet de comprendre pourquoi Florence valorise les projets. Ils créeraient une motivation « réelle » à l'apprentissage (on n'apprend pas à lire pour apprendre à lire mais car cela est mobilisé dans le cadre d'une

---

[43] Nous reprendrons ici certains éléments de l'article : (Leroy, 2017b).

correspondance censée intéresser l'enfant). On retrouve ici globalement les idées de Dewey. Il défend la réalisation d'une fête sur un sujet historique (la Rome antique) donnant lieu à de multiples apprentissages liés aux enquêtes, documentations, nécessaires pour que cette fête ait lieu (Bassan, 1976). Les apprentissages se réalisent dans et par cette réalisation censée être motivante. Decroly, même s'il utilise plutôt le terme « jeu » semble avoir parfois défendu des approches similaires, selon Dubreucq :

> Le jour où ils demandent des lapins, c'est tout naturellement qu'ils entrent dans l'engrenage du premier des « jeux éducatifs » de Decroly. On les aide, en effet, à découvrir par l'observation l'endroit le plus propice ; à concevoir, mesurer et construire un clapier ; à lire une documentation sur les races d'élevage, leur alimentation, leur protection ; à écrire à des marchands de bois, des vétérinaires, des éleveurs. (Dubreucq, 1993, pp. 12–13)

Une place réduite dans les pratiques ordinaires

L'observation directe a permis de confirmer qu'une certaine pédagogie de projet marque effectivement la classe de Florence. Une correspondance avec une école de Madrid est bel et bien mise en œuvre ; les sorties sont nombreuses ; un voyage à la mer conclut l'année. À chaque fois, le « projet » donne naissance à de multiples activités d'apprentissage qui lui sont liées. L'exemple du voyage à la mer le montre. Ce projet occasionne notamment, au cours de l'année : lecture d'albums autour de la mer, travail de pré-lecture autour de mots liés à la mer, étude des animaux marins, vente d'objets réalisés par les élèves pour financer le voyage, réalisation et vente de gâteaux pour le même objectif. Mais l'observation directe a aussi permis de montrer plusieurs hiatus entre ce que Florence dit de cette pratique du projet, et ce qu'elle est réellement. Premièrement, l'ensemble des projets mis en œuvre par Florence est fortement marqué par la directivité de la maîtresse. Le plus souvent, elle les choisit (choix de la sortie, du voyage à la mer et de ses modalités, de la mise en place de la correspondance). Il s'agit ainsi davantage d'un projet de la maîtresse que des élèves (Boutinet, 2015, p. 216). Deuxièmement, du même coup, la maîtresse joue un rôle majeur dans la mise en œuvre du projet. Plusieurs « projets » n'occasionnent pas de moments de débats, de doutes, d'interrogations sur sa réalisation. Or, selon Boutinet, c'est là l'essence même de la pédagogie de projet. Enfin, troisièmement, on ne saurait dire que les pratiques quotidiennes de cette classe sont liées à ces projets. De fait, au quotidien, lors des ateliers, comme des regroupements, les élèves doivent réaliser des tâches imposées par la maîtresse. Si certaines activités ont des liens avec certains projets, ce n'est pas le cas de la plupart. Sur les 49 activités proposées lors du premier trimestre aux ateliers dans la classe de Florence, 34 n'avaient aucun lien avec les projets de la classe. Il s'agit d'exercices scolaires « traditionnels » (décontextualisés), dont un certain nombre sur fiches. On ne saurait donc adhérer à ce que Florence dit de sa propre pratique : « je travaille toujours par projet ». Pour résumer, dans cette classe, la pédagogie de projet est donc mise en œuvre de façon directive et assez sporadiquement.

Il n'en reste pas moins que c'est chez Florence que l'influence de la pédagogie de projet fut la plus marquée, selon l'observation directe. Cette maîtresse fait figure d'exception, en raison de son fort militantisme pédagogique. Que font les autres maîtres, eu égard à la pédagogie de projet ? Deux types se dégagent. Un premier groupe réalise un projet de temps à autre (par exemple : réalisation d'un livre à partir d'une histoire inventée par les enfants, projet de jardinage, réalisation d'étiquettes de porte-manteaux), plus rarement que Florence. Mais au quotidien, l'enseignant(e) met en œuvre des pratiques plus traditionnelles, comme Florence. En outre, comme dans la classe de Florence, très souvent, le projet est imposé par la/le maître(sse), et souvent les élèves interviennent peu au cours de sa mise en œuvre. Un second groupe de maîtres(ses) ne font quasiment jamais de projets. Ainsi, sur 119 activités aux ateliers durant le premier trimestre, Jeanne met en œuvre trois activités que l'on peut apparenter à la pédagogie de projet (construction d'un photophore et de décorations pour Noël). Pour résumer, la pédagogie de projet est rarement présente dans les classes de maternelle contemporaines, et ne constitue jamais la colonne vertébrale pédagogique de la classe, l'activité-symbole, emblématique, de la classe. Notons enfin que nous avons constaté un usage répandu du mot « projet » pour désigner la pédagogie du « thème », qui pourrait être l'héritière contemporaine des centres d'intérêt de Decroly. La pédagogie du thème consiste à aborder une thématique (le printemps, les fleurs, le loup, le château-fort etc.) et à la décliner dans différents types d'apprentissages, de façon à limiter le cloisonnement des disciplines. Il nous est apparu que cette pédagogie était bien plus répandue que la pédagogie de projet (Leroy, 2017b). Si, originellement (chez Decroly), cette pédagogie avait un lien fort avec l'éducation nouvelle, au niveau des pratiques contemporaines, elle peut tout à fait cohabiter avec une pratique tout à fait traditionnelle (exercices et non projet ou jeu). Ainsi de la réalisation d'une fiche sur

Le jeu

le thème du loup, où la référence au thème du loup s'articule avec un support d'activité au rebours des valeurs et pratiques de l'éducation nouvelle.

3. Le jeu

Une pratique a également été défendue par les maître(sse)s les plus proches de l'éducation nouvelle dans les entretiens : le « jeu ». Tout comme le projet, il permettrait de prendre en compte et de respecter l'intérêt de l'enfant.

Défendu en entretien par certain(e)s maître(sse)s

E : je voulais te parler un peu du jeu… je voulais savoir la place qu'il a dans ta classe…

M : alors moi-même j'ai du mal à parler de ça avec les enfants parce que je trouve que la différence entre ce que eux appellent « travail » et « jeu »… (court silence) ils ont pas tous la même idée de la chose, tant mieux, et moi j'ai du mal à les éclairer là-dessus parce que pour certains enfants le jeu, ça va être les Lego, le coin de construction, les petites voitures… un jeu mathématiques… […] et tout ce qui est écriture, dictée à l'adulte… c'est du travail. Et récemment j'ai été surprise, et même très contente, parce qu'avec un élève décrocheur, il m'a dit d'un loto des lettres : « c'est génial ce jeu parce qu'on joue et en même temps on apprend » ! Et là j'ai eu envie de l'embrasser tellement il avait compris quelque chose… non seulement tu joues et tu te fais plaisir, mais l'objectif c'est ça : d'apprendre en se faisant plaisir, c'est aussi le plaisir d'apprendre, grandir… connaître plein de choses… » (Ophélie, 11.02.2009)

Ophélie a été fortement émue par cet élève parce qu'il a compris que le loto des lettres était un moment de jeu, et en même temps un moment d'apprentissage. On peut faire l'hypothèse que son émotion découle du fait que cet élève a pris conscience de ce que souhaitait la maîtresse : articuler, voire ne plus distinguer, plaisir – suscité par le suivi, la poursuite, de son intérêt ludique supposé – et apprentissage. Le jeu du loto est, pour elle, idéal : l'élève apprend les chiffres dans et par une activité qui l'amuse. Sans surprise, Florence est proche en affirmant : « […] pour moi le jeu c'est essentiel, parce que c'est par le jeu que les enfants vont prendre du plaisir » (Florence, 16.03.2009).

Quelle place au niveau des pratiques ordinaires ?

Pour l'analyse des pratiques, nous nous inspirons de Gilles Brougère (1995) pour distinguer deux types de « jeu ». Le jeu « éducatif » est un jeu mis en œuvre par la/le professeur(e) des écoles : l'enfant n'a pas le choix d'y jouer ou non, son utilisation étant impulsée, imposée, par l'enseignant(e). Sa ludicité réelle peut être interrogée en raison de son caractère contraignant. Le jeu « libre » est en revanche initié par l'enfant[44] ; il fut jadis valorisé par Kergomard (2009 [1886]) et s'avère plus diffusé dans les institutions préscolaires d'autres pays (Watanabe, 2010). Quelles places pour chacun de ces jeux dans les pratiques ordinaires ?

Le jeu dirigé

Étudions la place du jeu dirigé dans la classe de Florence, cette maîtresse attachée aux valeurs de l'éducation nouvelle. Il s'avère qu'il y apparaît, mais à une place secondaire. La présence de « jeux » mathématiques a été constatée. Florence utilise par exemple un livre de Rémi Brissiaud (Brissiaud, Boulard, Ouzoulias, & Riou, 2004) pour apprendre les « compléments » et qui propose une activité qui peut être apparentée à une sorte de jeu. Pour le nombre trois par exemple, trois animaux sont répartis sur la page de gauche et la page de droite. Il y a par exemple deux pingouins sur la page de gauche et un pingouin sur la page de droite. Le livre est prévu pour qu'une des deux pages, la gauche ou la droite, soit cachée : les enfants doivent ainsi déduire combien d'animaux sont présents sur la page cachée. Florence utilise ce livre au coin regroupement (20.09.2011), mais le met aussi à disposition des élèves lors des ateliers : ils refont alors l'activité et un élève manipule le livre comme le faisait la maîtresse au coin regroupement. On peut aussi citer le jeu du Lynx, cadeau de Noël de la classe. Sur le plateau de jeu, plusieurs centaines d'objets sont dessinés. Le jeu consiste à retrouver tel ou tel objet au sein de l'ensemble. Ce jeu permet selon Florence de travailler le vocabulaire. J'ai aussi eu l'occasion de voir un jeu autour des formes mené au coin regroupement : un sac opaque contenait des formes géométriques en trois dimensions (Florence, 18.10.2011). Des élèves devaient toucher les formes dans le fond du sac, et ne les voyaient pas. Ils devaient deviner de quelle forme il s'agissait. Dans la classe de Florence, le jeu dirigé n'est

---

[44] Certes à partir d'un matériel présent, et donc choisi par les adultes...

pourtant pas incontournable. Preuve en est sa rareté lors des ateliers. Sur 12 semaines de septembre à décembre 2011 (49 activités en tout), seuls trois jeux sont apparus. La proportion de jeu dirigé est donc très faible au cours du premier trimestre.

Quid des autres classes ? Sophie m'a semblé proche des maître(sse)s fortement affilié(e)s à l'éducation nouvelle, bien que je n'ai pas eu l'occasion de mener un entretien avec elle. Elle cherchait de son propre aveu à « amener (les élèves) de façon plus ludique ». C'est sûrement pour cela qu'elle proposait des « jeux » pour travailler des notions mathématiques (association chiffre / nombre notamment) tel que celui présenté sur l'illustration n° 6. On voit bien sur cette illustration que ce « jeu » a été fabriqué (peut-être inventé ?) par la maîtresse.

Illustration n° 6: Le « jeu des frères », un « jeu » pour apprendre les mathématiques (classe de Sophie)

Dans cette activité, il faut associer les quantités au chiffre qui les désigne. Dans un second temps, la maîtresse proposera un autre type d'activité, dans la continuité de la précédente, mais prenant en compte les formes des pièces. Cette maîtresse a préféré recourir au « jeu » pour donner une tonalité ludique à cette activité (il s'apparente à un jeu de société, avec des élèves jouant chacun leur tour ; l'un d'eux gagne), dans un objectif tout à fait comparable à ce que disait Ophélie dans les entretiens semi-directifs : articuler apprentissages et plaisir supposé. Comme le loto des lettres d'Ophélie (« c'est génial ce jeu parce qu'on joue et en même temps on apprend »), ce « jeu des frères » de Sophie semble avoir été crée pour prendre en compte l'intérêt de l'enfant et donner une tonalité ludique au travail de cette notion mathématique. Mais, comme chez Florence, le jeu dirigé n'apparaît que rarement chez Sophie. Dans cette classe, sur les trois jours d'observation passés dans sa classe, pour ce qui est des ateliers (24 activités proposées aux enfants), je n'ai vu qu'un jeu dirigé, ce jeu des frères. L'étude des cahiers des élèves a permis de confirmer une présence somme toute assez sporadique.

Le jeu dirigé, par sa nature même, n'est pas une activité anti-scolaire ; il est un exercice dans lequel on a introduit des éléments de ludicité. Selon Brougère (1995), c'est d'ailleurs pour cela qu'il a davantage prospéré dans l'école maternelle française au cours du XXe siècle, que le jeu « libre ». En effet, l'école maternelle a toujours eu un tropisme scolaire plus grand que d'autres institutions préscolaires étrangères telles que le jardin d'enfants allemand (Brougère, 2010). Les observations ici restituées montrent donc que malgré ce caractère « scolaro-compatible », le jeu dirigé semble lui-même peu diffusé aujourd'hui. Sur les 15 classes observées, le jeu dirigé n'est apparu que dans six classes. Et cette présence n'est pas massive, comme nous l'avons vu. Dans les autres classes, leur apparition est rare, voire très rare. En somme, le jeu dirigé a une place proche de la pédagogie de projet. Si rares sont les classes sans aucun jeu, il n'y a pas de classe où il s'avère être la modalité pédagogique incontournable et quotidienne. Il infuse les pratiques ordinaires, à des degrés divers et il n'est pas rare que sa présence soit presque homéopathique.

Le jeu « libre »

Des moments de jeu « libre » apparaissent lors de l'accueil et des temps de coins-jeux[45] (voir chapitre 2 pour la description de ces moments). Ils

---

[45] Les coins-jeux sont des espaces disposés presque toujours contre les murs de la classe, à la disposition des élèves à certains moments précis de la journée. Ils existent dans toutes les classes, sauf celle de Violette, qui travaille en moyenne section / grande

Le jeu

s'avèrent assez limités à l'échelle de la journée. Des observations menées, il ressort qu'une norme implicite existe : l'accueil devrait cesser à 8h40, ou 8h45 (rien n'est dit à ce sujet dans les instructions officielles). Très souvent, j'ai constaté une grande ponctualité dans le respect de cet horaire[46]. Sachant que les élèves arrivent entre 8h20 et 8h30, voire 8h40, on comprend que l'accueil est un très court moment de la journée. L'observation de la classe de Dominique, maîtresse-formatrice[47], a montré l'importance de cette norme implicite : « La maîtresse demande l'heure à un parent. Quand elle constate qu'il est déjà 8h45, elle s'agite : "moins le quart ! oh, moins le quart !" » (Dominique, 22.11.2012). À l'inverse, Bertrand[48], prenant son café au-delà de 9 heures lors de l'accueil, sait qu'il se permet certaines libertés vis-à-vis des normes implicites de son milieu professionnel[49]. Des maître(sse)s se sont ainsi détendu(e)s au fil des journées d'observation, comme Bertrand d'ailleurs (l'accueil durera plus longtemps les deuxième et troisième jours que je passerai dans sa classe

---

section dans le centre de Paris. Dans toutes les classes possédant des coins-jeux, on trouve une petite bibliothèque, propre à la classe. Un espace autour de la cuisine existe également, avec, à disposition des enfants: *a minima* des légumes et fruits en plastique, une cuisinière, avec souvent un lavabo, et des couverts. Parfois une table à repasser (Florence), des habits de poupées (Dominique, Bertrand, Jeanne). Certaines maîtresses créent des systèmes de rangement pour les enfants (Aude), d'autres non (Bertrand). Parfois, mais pas toujours, on trouve également des ordinateurs (notamment Florence et Dominique), des déguisements (on se déguise dans le coin cuisine chez Jeanne), des miroirs (Mélusine), des coins-écoutes (Florence et Marinette). Les élèves vont aux coins-jeux parfois le matin lors de l'accueil. Mais c'est principalement quand ils ont fini l'activité qu'ils ont à faire lors des ateliers qu'ils peuvent aller aux coins-jeux.

[46] De nombreux exemples peuvent être cités: Aude le fait cesser avant 8h40 (Aude, 24.01.2012, 31.01.2012), Sophie l'a fait cesser à 8h44 (Sophie, 14.02.2012), ou encore Marinette dont je note: « elle a commencé pile à 8h40 » (Marinette, 25.10.2012).

[47] Dominique, la quarantaine, exerce en petite section dans une école située dans un quartier très favorisé de Paris.

[48] Bertrand, la quarantaine, exerce en petite section dans une école très privilégiée du centre de Paris (la même que Violette).

[49] « A 9h05 la directrice rentre dans la classe, je suppose pour connaître le nombre d'élèves mangeant à la cantine ou le nombre de présents, en tout cas pour un renseignement administratif. Bertrand dira qu'il n'a pas encore fait le "regroupement" en rigolant; mais je ne suis pas sûr qu'il soit si à l'aise que cela car il demande de suite à ses élèves de ranger et d'aller aux bancs. Il me semble très crédible que ceci intervienne à cause de l'arrivée de la directrice, et d'un sentiment de culpabilité. » (Bertrand, 03.04.2012)

que le premier[50]) et Isia notamment (elle passe la barre symbolique des 9 heures le troisième jour d'observation). Il en va globalement de même des coins-jeux. Chez certain(e)s enseignant(e)s, ils peuvent occuper une place plus importante dans la journée, mais qui reste modeste à l'échelle de la journée, par rapport aux activités de regroupements et d'ateliers fortement marquées de l'empreinte de la forme scolaire (chapitre 2).

Il est intéressant d'observer les enseignant(e)s de maternelle lors de ces moments de « jeu libre ». Premièrement, des enseignant(e)s cherchent à en tirer un profit scolaire. « [Bertrand] (...) dit que le coin cuisine, c'est "n'importe quoi" – il faudrait mettre des couverts bleus, que les élèves auraient à assembler » (Bertrand, 03.04.2012). Cet enseignant montre ici que le coin-jeu pourrait avoir un bénéfice dans l'apprentissage des couleurs et des classifications, s'il en était fait un usage différent. De même, de l'autre bout de la classe, Dominique interpelle un élève qui joue au coin-jeu, lui proposant d'habiller une poupée (pour qu'il travaille le vocabulaire des habits, et les parties du corps humain). Deuxièmement, quand les enfants jouent librement, il est aussi des enseignant(e)s qui s'en désintéressent (« ils jouent... voilà... c'est tout...» affirme Bertrand), et en profitent pour réaliser les activités scolaires avec d'autres élèves. Ainsi de Dominique qui profite de l'accueil pour vérifier que ses élèves de petite section savent reconnaître leur prénom, ou de Jason qui ne commente pas les dessins librement réalisés par les enfants, mais s'intéresse davantage à la tenue des crayons : « [accueil :] Jason[51] remet un crayon pour qu'elle (une élève de la classe) le tienne bien » (Jason, 08.11.2012). L'ensemble de ces développements montre que, dans la hiérarchie de leurs tâches professionnelles, ces enseignant(e)s accordent peu d'importance au jeu libre. Il s'agit plutôt d'un moment de délestage pour eux, leur permettant soit de se reposer un peu, soit de s'occuper scolairement d'autres élèves. Ils montrent ainsi une professionnalité enseignante en acte, fort différente de celle qui pourrait exister dans d'autres institutions préscolaires, où ces moments de jeu libre pourraient être valorisés dans le cadre d'une mobilisation de thématiques psychologiques. Cela atteste aussi en creux de formations professionnelles très différentes. Dominique dit ainsi s'être fait « violence » pour laisser jouer les enfants en petite section, après de nombreuses années passées

---

[50] Le premier jour, l'accueil a cessé à 8h52.

[51] Jason, 28 ans (5 ans d'ancienneté dont 2 en maternelle) exerce en petite section dans une école parisienne ayant une certaine mixité sociale.

à l'école élémentaire. La culpabilité est souvent présente. « C'est con mais… si je sors les Lego et les laisse jouer, je me dis : "si quelqu'un rentre dans la classe, il va se dire : ah bah, elle se coule douce, celle-là !" » (Jeanne, 11.10.2011[52]). Autre élément d'explication : quand les enfants jouent librement, l'école maternelle s'apparente aux autres institutions préscolaires dont ces enseignant(e)s cherchent à se distinguer pour défendre une position sociale supérieure. N'étant au final pas toujours surveillés, les moments de jeu libre deviennent parfois le lieu de déviances des enfants pour ceux qui les observent (bagarres notamment aux coins-jeux, constatées plusieurs fois, non vues par l'enseignant(e)).

Ainsi, le jeu libre est une pratique qui intéresse globalement peu les enseignant(e)s, jouit d'une faible légitimité (il n'est pas évoqué dans les rapports d'inspection) et occupe une place réduite dans la journée. Son rôle est notamment utilitaire, permettant de délester l'enseignant(e) de certains élèves ou de reposer les enfants avant une autre activité initiée par l'enseignant(e).

4. Les fiches : quantifier leur usage

La diffusion des fiches nous semble un autre indicateur pour jauger de l'influence contemporaine de l'éducation nouvelle sur les pratiques ordinaires. Joigneaux (2009a) a montré leur diffusion au cours des années 90. Elles ont donc connu un essor à l'époque même où la représentation scolaire de l'enfant (et de l'école maternelle) progressait (chapitre 1). La fiche peut être définie assez simplement comme une activité réalisée sur un support A4, photocopiée et distribuée aux élèves. Elles peuvent être créées par l'enseignant(e) ou trouvées sur des sites internet. Une des raisons de l'utilisation des fiches est qu'elles seraient pratiques pour l'enseignant(e) (peu de préparation matérielle). Telle fiche permettrait en outre de cibler telle notion. Or, depuis les années 1980/1990, on demande de plus en plus aux enseignant(e)s de savoir définir ce qui est

---

[52] Cette difficulté à faire jouer les enfants librement a aussi été vue chez Mélusine: le 3 juillet 2012, très proche des vacances d'été, elle dit au début de la matinée à ses élèves: « comme c'est la fin de l'année, vous serez plus ou moins libres ». Outre ce « plus ou moins » qui indique déjà une certaine réserve, la suite de la matinée me montrera qu'il n'en sera rien et que plusieurs activités imposées auront lieu dans la matinée (Mél., 03.07.2012). Une situation semblable a été vue chez Aude, qui m'avait dit qu'elle comptait les laisser jouer une après-midi. Il n'en fut rien: les ateliers eurent bien lieu (07.02.2012), comme si à la dernière minute, cette maîtresse avait été rattrapée par un « Sur-moi » professionnel.

travaillé (chapitre 1), ce qui peut pousser à l'idée d'isoler les apprentissages les uns des autres. Ainsi, Jeanne « apprend » une lettre chaque semaine aux enfants de sa classe en recourant à une fiche ciblant précisément ce seul apprentissage (voir illustration n° 7, présentant une fiche sur la lettre « i » ; des fiches similaires ont été constatées lors d'autres semaines). La fiche est également pratique, en termes de préparation. Dernier intérêt de la fiche : elle renvoie l'image attendue d'une maternelle « école » ; elles servent à montrer « que l'école fait son travail d'école » (IGEN[53] & IGAENR[54], 2011, p. 117).

D'un point de vue pédagogique, la fiche peut donc être considérée comme un exercice « traditionnel », ne relevant pas des valeurs de l'éducation nouvelle. L'enquête 2009–2013 a permis de déterminer l'ampleur de l'usage des fiches au début des années 2010, soit avant les nouveaux programmes de 2015 (et en partie avant le rapport de l'Inspection générale de 2011, sorti en 2012, qui entama leur critique institutionnelle, voir chapitre 6). Nous avons constaté des classes fortement marquées par l'usage des fiches, comme la classe de Jeanne.

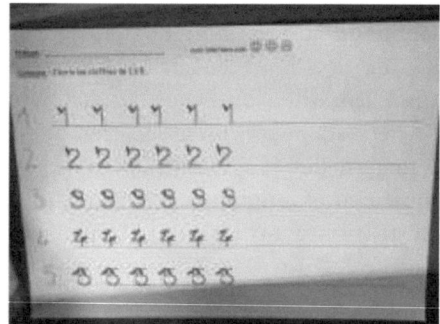
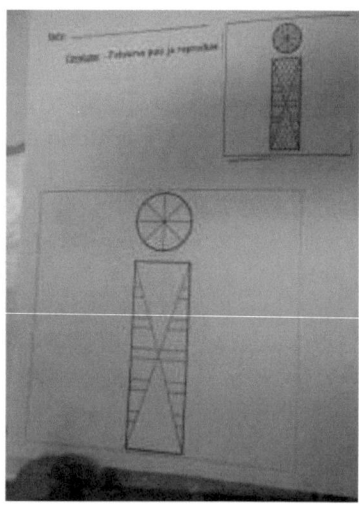

Illustration n° 7: Exemples de fiches données lors d'une séance d' « ateliers »

---

[53] IGEN : Inspection générale de l'éducation nationale.
[54] IGAENR : Inspection générale de l'administration de l'éducation nationale et de la recherche.

Les fiches : quantifier leur usage

Globalement, dans cette classe, quatre fiches étaient proposées chaque matin, aux quatre groupes de la classe et chaque jour, les groupes tournaient, de sorte que tous les élèves aient fait les quatre fiches à la fin de la semaine. L'après-midi, étaient privilégiées des activités non réalisées sur support A4.

Tableau n° 8: Nature des activités réalisées aux ateliers (classe de Jeanne) en un trimestre

Fiches	57
Activités d'arts plastiques	36
Jeux de société, jeux constructions[55], jeux dirigés	8
Activités de mathématiques, de lecture, ou d'écriture, non réalisées sur fiches	6
Autres	3
Total :	**110**

Il ressort de ce tableau que les fiches représentent environ la moitié des activités lors des ateliers (fiches le matin, pas l'après-midi). Les activités non réalisées sur fiches sont majoritairement des activités d'arts plastiques. Viennent ensuite des activités moins présentes : jeux de construction, jeux dirigés ou jeux de société, activités mathématiques ou de « français » non réalisées sur fiche.

Les classes sans aucune fiche sont très rares dans l'enquête 2009–2013. Il est notable que même dans la classe de Florence, dont on sait les réticences par rapport à la pédagogie « décontextualisée » (chapitre 3), on trouve la trace de nombreuses fiches.

Tableau n° 9: Nature des activités réalisées aux ateliers (classe de Florence)

Fiches	24
Activités d'arts plastiques	11
Activités de mathématiques, de lecture, ou d'écriture, non réalisées sur fiches	11
Jeux de société, jeux constructions, jeux dirigés	2
Autres	1
Total :	**49**

---

[55] Avec ou sans consigne.

On y trouve pas moins de 24 fiches pour 49 activités lors des ateliers du premier trimestre, c'est-à-dire une proportion (la moitié) tout à fait comparable à la classe de Jeanne, bien moins affiliée à l'éducation nouvelle. Il ressort de l'ensemble des observations que les fiches apparaissent dans toutes les classes sauf une : celle de Marinette, maîtresse ayant une grande ancienneté, chez qui, chose rare, les élèves n'ont même pas de cahier.

Il se pourrait qu'une enquête menée aujourd'hui montre une proportion un peu moins importante, du fait de critiques prescriptives apparues au cours de la décennie (chapitre 6). Pourtant, des tableaux 8 et 9, il ressort également qu'au début des années 2010, les fiches n'étaient pas non plus hégémoniques, représentant, dans les classes étudiées, environ la moitié des activités. C'est dire que le caractère scolaire de l'école maternelle de cette période se manifestait peut-être davantage par l'empreinte de la forme scolaire sur les pratiques pédagogiques (chapitre 2) (forte directivité, activité imposée et à consigne stricte), sous ses formes particulières (autonomie notamment), que du fait de l'hégémonie d'un medium pédagogique, à savoir la fiche. Ces conclusions ne semblent pas contradictoires vis-à-vis des travaux de Joigneaux, que l'on a parfois réduit à une dénonciation des fiches, alors qu'il les analyse surtout comme un signe de transformation des manières d'enseigner (plus à distance, plus *a posteriori*).

Conclusion du chapitre 3

Nous avons mobilisé plusieurs entrées pour jauger l'influence contemporaine de l'éducation nouvelle (entretiens et observations ; étude des projets, jeux et fiches). Les résultats sont cohérents les uns avec les autres. Les entretiens montrent un certain attachement à la contrainte éducative des professeur(e)s des écoles d'aujourd'hui. L'idée de privilégier une pédagogie de l'effacement de la contrainte s'avère fragilisée. Les pratiques effectives gardent quelque chose de la « pédagogie de l'école maternelle » (Prost, 1981, p. 101) : on trouve des projets et des jeux ici et là. Reste qu'ils apparaissent assez sporadiquement et ne constituent jamais la « colonne vertébrale » pédagogique de la classe. Les pédagogies de l'éducation nouvelle apportent un supplément d'âme, plus ou moins présent selon les enseignant(e)s, et parfois très peu présent. En somme, une normalisation scolaire de l'école maternelle pourrait avoir eu lieu. L'éducation nouvelle charriait avec elle de nombreuses représentations de

Conclusion du chapitre 3

l'enfant, appréhendé à partir de thématiques psychologiques, pédagogiques et mêmes politiques (Wagnon, 2018), qui sont en déclin. Cette baisse du recours à l'éducation nouvelle est une autre facette éclairant la spécificité de la socialisation scolaire contemporaine en maternelle. Le fait que l'on accepte socialement que la contrainte scolaire de l'enfant s'exerce plus tôt est un résultat important, en termes de sociologie de l'enfance. Nous en tirerons les conséquences interprétatives qu'il convient en conclusion générale.

Nous verrons dans le chapitre suivant que les présences plus ou moins fortes de ces pédagogies pourraient avoir des liens avec les origines sociales des élèves et des enseignant(e)s. Quoi qu'il en soit, à ce niveau de la réflexion, nous n'adhérons donc pas à l'idée selon laquelle les pratiques contemporaines de maternelle relèveraient massivement de pédagogies de l'éducation nouvelle. Ce résultat est d'importance, car il signifie que si l'école maternelle s'avérait différenciatrice, ce n'est pas selon nous en raison d'un recours massif à ces pédagogies. Nous reprendrons ce questionnement au chapitre 5.

Chapitre 4 : Socialisations du corps et des émotions de l'enfant à l'école maternelle

Pour cerner la spécificité de la socialisation contemporaine de l'enfant en maternelle, nous avons jusqu'ici privilégié une focalisation sur les choix pédagogiques, même si nous avons corrélé cette analyse à une réflexion sur les représentations dominantes de l'enfance qu'elles engagent. Nous souhaitons ici explorer la socialisation contemporaine en maternelle au-delà de cette seule centration sur la relation d'enseignement et les différentes manières de la mettre en œuvre. En effet, si les enseignant(s) appréhendent leur relation à l'enfant essentiellement comme une relation enseignant / élève, nous avons à nous demander ce que cette centration sur la relation d'apprentissage induit au niveau de la socialisation des corps et des émotions enfantines. Si le chapitre 2 a tissé certains liens entre le primat contemporain des représentations scolaires de l'enfant chez les enseignant(e)s et la socialisation des corps enfantin, la question est loin d'être close.

1. Comprendre le déclin des soins au corps de l'enfant

Avant de dresser un état des lieux de la question des soins aux corps de l'enfant dans l'école maternelle contemporaine, par souci de contextualisation, nous souhaitons proposer un retour socio-historique sur cette question.

Les soins au corps enfantin, longtemps hautement légitimes

L'étude des salles d'asile et de l'école maternelle du XIXe siècle, par le biais des textes officiels de l'époque et des travaux d'historiens, permet de mettre au jour que les soins apportés au corps de l'enfant avaient une forte légitimité au cours de ce siècle. Ceci nous paraît s'expliquer au moins par deux raisons.

Premièrement[56], au XIXe siècle, les finalités hygiéniques étaient hautement légitimes. Un sentiment nouveau de responsabilité collective émerge concernant l'hygiène et les représentations de la propreté évoluent (Vigarello, 1985). Les salles d'asile apparaissent dans un contexte d'épidémies (choléra autour des années 1830), de conditions sanitaires rudimentaires, où les enfants sont particulièrement touchés par la mortalité précoce (Beauvalais, 1997 ; Guerrand, 2009 ; Rollet, 2001 ; Yonnet, 2006). La question de la propreté de l'enfant est ainsi centrale dans les textes officiels des salles d'asile, qui en font sur ce point un lieu censé être exemplaire (Luc, 1982, pp. 106, 117). Le milieu qu'est l'asile est défini en rupture par rapport à son extérieur, jugé sale et dangereux (Luc, 1982, pp. 53, 81, 101). On cherche en outre à prodiguer à l'enfant des conseils d'ordre hygiénique (Luc, 1982, p. 81), pour lui et pour qu'il les diffuse chez lui, de nombreux textes officiels évoquant le contrôle de propreté de l'enfant à son arrivée (Luc, 1982, pp. 76, 114). Mais cette prise en charge hygiénique passe aussi par une action des adultes envers l'enfant, ce que traduit par exemple la pratique du mouchage des enfants (Luc, 1997, p. 346) ou du lavage des mains. Sous la IIIe République, dans une période d'apogée du courant hygiéniste (Bourdelais, 2001), le projet hygiénique se voit confirmé et approfondi, comme en témoignent plusieurs textes officiels[57].

Deuxièmement, le XIXe siècle est aussi un siècle où les représentations de la maternité évoluent. Dans la bourgeoisie, la figure d'une mère tendre et affectueuse progresse, dans une certaine continuité avec le XVIIIe siècle. Dans ce contexte, des acteurs des salles d'asile s'opposent à la figure de l'enseignant exerçant sans aucun rapport affectif, dont le comportement serait dicté uniquement par les règles impersonnelles (règlements, emplois du temps et programmes). Même si l'instruction a une grande importance pour elle et qu'elle ne rompt pas avec la méthode traditionnelle des salles d'asile, Marie Pape-Carpantier, pédagogue

---

[56] Nous reprenons ici des développements d'articles qui approfondissent ces questions (Leroy, 2017c ; 2017d).

[57] Voir en particulier les textes organiques de 1887 et les trois textes officiels de 1905, 1908 et 1910 (Luc, 1982).

pionnière des salles d'asile dont l'influence a compté, valorise par exemple l'affection de la maîtresse envers les enfants (Carpantier, 1846 ; Luc, 1997, pp. 198–199). À l'opposé de la relation impersonnelle, elle affirme l'importance de l'amour des enfants : « Aimez par-dessus tout, et en particulier, chacun [des enfants] confiés à vos soins » (Carpantier, 1846). Jean-Noël Luc recense plusieurs théoriciens des salles d'asile qui insistent également sur l'importance de l'amour des enfants, comme Mme Nau de Champlouis, qui écrit :

> Il faut que [la maîtresse] aime les enfants, qu'elle suive avec intérêt tous leurs mouvements, qu'elle prenne plaisir à leurs progrès, qu'elle partage leurs joies, qu'elle se montre touchée de leurs peines. (cité par Luc, 2011).

Le modèle maternel apparaît dans de nombreux textes officiels des salles d'asile, ainsi du « Rapport et Proposition de loi sur l'enseignement primaire » du 15 décembre 1848 (Luc, 1982, pp. 92–96), qui affirme :

> Nous avons confié la direction des salles d'asile aux femmes exclusivement. Les hommes, certainement, peuvent y être fort utiles, et nous ne leur interdirons pas absolument d'y prendre une part secondaire dans le cas où leur femme serait placée à la tête de l'asile. Mais là où il s'agit aussi de donner des *soins* [nous soulignons] à la première enfance, c'est à des *mains* [nous soulignons] de femmes et surtout à des mains maternelles, qu'il faut laisser cette tendre et minutieuse vigilance. (Luc, 1982, p. 93)

La référence à la mère permet souvent dans les discours de tempérer l'objectif, parfois controversé[58], d'instruction de la première enfance (Luc, 1982, p. 40). C'est aussi qu'un rapport sentimental aux enfants gagne de l'influence au cours du XIXe siècle (Ariès, 1960 ; Luc, 1997 ; Rollet, 2001 ; Sirota, 2012), le taux de mortalité infantile baissant (Yonnet, 2006). Les références hygiéniques et maternelles sont à distinguer, car elles peuvent relever de logiques de soins différentes. Le projet hygiénique peut n'avoir rien d' « affectif », en particulier quand il met en œuvre

---

[58] Des acteurs de la salle d'asile critiquent l'instruction précoce, comme Madame de Pastoret, lectrice de Rousseau. Elle préfère laisser les enfants jouer avant 6 ans. Elle affirme : « Quoi, me dira-t-on, point de travail ? Je n'en vois guère l'utilité : de quel travail sont susceptibles des enfants si jeunes ? Ne vaut-il mieux pas les laisser jouir en liberté de cet âge de bonheur ? N'existe-t-il pas, d'ailleurs, des établissements destinés à leur enseigner la lecture et ne serait-ce pas aller contre l'utile institution des écoles primaires que d'enseigner quelque chose (…) ? », cité par (Luc, 1997, p. 51).

des logiques de contrôle[59], voire de moralisation des classes populaires. Pour autant, ces deux références peuvent aussi s'entremêler dans la figure d'une « bonne » mère soucieuse du bien-être affectif et physiologique des enfants qui lui sont confiés.

Nous avons pu montrer dans d'autres travaux (Leroy, 2017c ; 2017d) que les représentations hygiéniques conservent une place importante au niveau du curriculum formel jusqu'à la deuxième guerre mondiale. Au niveau des pratiques, un ouvrage montre qu'au cours des années 1960-1970, cette importance des soins hygiéniques apportés par la maîtresse au corps de l'enfant conserve une forte importance. Dans le cadre de son doctorat, l'inspectrice Calmy-Guyot a réalisé une enquête auprès des institutrices d'écoles maternelles au tout début des années 1970, sur la question de leur rapport aux corps des enfants (Calmy-Guyot, 1973). Il est d'ailleurs frappant que le titre même de l'ouvrage évoque la *main* comme dans la citation évoquée plus haut, datant des salles d'asile. On apprend dans cet ouvrage que nettoyer un enfant sale était une activité ordinaire pour une maîtresse de maternelle du début des années 1970 (p. 87). On découvre que les maîtresses de l'époque essuient les fesses des enfants. Pour beaucoup, cela fait partie du métier : « sans dégoût… après 17 ans de service dans les écoles maternelles[60] » (p. 88) ; « je le fais comme une chose nécessaire, pas particulièrement agréable, mais je le fais volontiers ». Pour certaines, cela suppose de dépasser une certaine réticence : « Tout dépend de l'origine de ce qui est à nettoyer : boue, sang, nez à moucher : sans déplaisir ; vomi, excréments : avec déplaisir ». Il n'en résulte pas moins l'image d'une école maternelle où les maîtresses apportent de nombreux soins hygiéniques aux corps enfantins. Au fil de l'ouvrage, on voit d'ailleurs la pérennité, à l'époque du modèle expressif, de certaines pratiques d'hygiène anciennes, qui s'étaient peu à peu implantées en maternelle comme le mouchage des enfants. L'ouvrage de Calmy-Guyot montre aussi la permanence à l'époque de la thématique des soins affectifs à l'enfant, qui s'entremêle parfois aux thématiques hygiéniques. 80 % des maîtresses disent prendre les enfants dans leur bras (p. 101). Seules 18 % répondent « non » ou « rarement » à

---

[59] Voir par exemple : Ange-François-Frédéric Mauricheau-Beaupré, *Salle d'asile. Instruction hygiènique [sic] adressée aux parens [sic] dont les enfants y sont admis* (Calais : imprimeries A. Leleux, 1839). Voir en particulier l'article 14.

[60] Il ne s'agit pas de citations exactes des maîtresses de l'époque, les propos des maîtresses étant reformulés par l'auteure de l'ouvrage.

la question « vous laissez-vous embrasser par les enfants ? ». 95 % disent toucher le visage des enfants, pour des caresses, des chatouillements, les coiffer, le plaisir de « tenir les longs cheveux d'une fille dans la main », « caresser la nuque », « toucher le petit bout de leur nez ». Des contacts pour « faire rire » sont également évoqués (p. 82). Embrasser les enfants semble une pratique courante. Voici les justifications apportées : « je les aime tous » ; « lorsqu'ils ont fait quelque chose de très bien, je les embrasse solennellement sur le front ». La référence maternelle est parfois explicite : « pour leur prouver que moi aussi je partage leur affection et qu'ils sont un peu mes enfants tout le temps que durera l'année scolaire » (p. 99). La sensualité n'est pas absente du rapport maîtresse / enfant à l'époque : « j'adore les mains des petits car ils ont encore des mains de bébés » (p. 83) ; « j'aime cette peau fraîche et lisse » ; « [je les touche] quand ils sont malheureux ou quand ils m'attirent physiquement ». Nous y voyons une sorte de permanence de l'inspiration maternelle, venue du XIXe siècle.

L'amorce d'un déclin dans le troisième quart du XXe siècle

Pour autant, malgré ces permanences, la période allant globalement de 1950 à 1975 est également favorable à une remise en cause de ce rapport de soins hygiéniques et affectifs au corps de l'enfant. En premier lieu, du côté de l'hygiène, les conditions sanitaires de la population se modifient (apparition des salles de bains par exemple), rendant moins urgente et vitale la prise en charge hygiénique de l'enfant. Corrélativement, dans l'après-guerre, on passe d'une approche de la santé centrée sur le clinique, l'absence de maladie, à une approche attentive aux relations de l'homme et son milieu, aux compétences psycho-sociales. En continuité, la santé de l'enfant est davantage appréhendée par le biais de représentations psychologisantes ou d'inspiration psychanalytique avec l'influence des travaux sur le lien affectif à l'enfant d'Anna Freud, Spitz, Bowlby, et Jenny Aubry[61]. Dans les textes officiels de l'école maternelle, sur la question de la santé, l'influence de cette vulgate « psy », déjà évoquée au chapitre 1, joue contre la valorisation des soins hygiéniques au corps de l'enfant. On peut prendre pour exemple une circulaire de 1969, relative

---

[61] Il faut certes souligner des bougés au sein même de cette période : voir les représentations négatives puis positives du collectif d'enfants hors de la sphère familiale, entre les années 1960 et 1970 (Neyrand, 2000).

au contrôle médical scolaire (Luc, 1982, pp. 267–273). Ce texte appelle à une observation très attentive de l'enfant par la maîtresse : analyse de ses jeux et de ses conduites pour comprendre sa psychologie.
- suce-t-il son pouce ? Oui – non ;
- suce-t-il un autre doigt ? Oui – non ;
- se ronge-t-il les ongles ? Oui – non ;
- se balance-t-il sur sa chaise ? Oui – non ; (Luc, 1982, p. 270)

De l'engagement corporel adulte pour que les mains soient lavées, on passe ici à une observation – à distance – des ongles rongés, dans une perspective d'inspiration psycho-psychanalytique. Notons ensuite que la montée en puissance des thématiques « psy » peut aussi jouer contre le modèle de la mère tendre et affectueuse. Si la thématique de l' « amour » est présente dans la circulaire de 1977, c'est un amour nourri de la pensée psychologique et psychanalytique, non « effusif » comme le dit le texte (chapitre 1). Au demeurant, les représentations de la maternité évoluent à l'époque dans les catégories moyennes et supérieures, comme en attestent le développement de logiques de pédagogisation des relations mère / enfant (Chamboredon & Prévot, 1973). Enfin, la logique d'embourgeoisement de l'époque est peut-être favorable à un désengagement progressif des maîtresses sur la question des soins hygiéniques et affectifs apportés aux corps enfantins.

La situation contemporaine : une distanciation accomplie vis-à-vis du corps enfantin

Nous avons vu lors du premier chapitre que les années 1980, 1990, 2000 étaient celles d'une affirmation d'une approche scolaire de l'enfant au niveau du curriculum formel. Ce contexte n'est pas favorable à un retour de légitimité des soins hygiéniques apportés au corps de l'enfant. Les programmes de 1995 affirment ainsi que les temps voués à l'hygiène ne doivent pas empiéter sur les temps d'instruction, mettant en concurrence les deux thématiques[62]. Le contexte n'est pas non plus favorable aux soins

---

[62] « Les récréations, les moments d'hygiène, les périodes d'accueil sont des temps éducatifs et utiles, mais [nous soulignons] il faut veiller à ce qu'ils occupent dans la journée leur juste place et n'empiètent pas sur des temps d'activité structurée où les enfants ont le sentiment de travailler et de progresser. Cette organisation du temps,

affectifs, l'enfant étant de plus en plus appréhendé comme un élève, dans le cadre d'une relation d'enseignement par définition relativement impersonnelle (Vincent, 1980). Les évolutions prescriptives des années 1990 recentrent par ailleurs la/le maître(sse) sur son rôle d'enseignant(e), avec un niveau de diplôme plus élevé, ce qui sont également des facteurs peu favorables à la logique de prise en charge hygiénique. Peut-être est-ce pour cela que de nombreux textes officiels en appellent à la responsabilité de l'enfant dans la gestion de ses propres soins (MEN, 2003) ou plus généralement à « l'éducation à la santé » (MEN et Ministère de la Recherche, 2002, p. 28). La recherche d'autonomie dans la gestion n'était pas absente du XIXe siècle, mais elle semble prendre une ampleur nouvelle, durant la période récente. Nous mettons ces évolutions prescriptives en lien avec l'injonction contemporaine à la responsabilité de chacun par rapport à sa propre santé, cette figure de l'*homo medicus,* responsable, sentinelle, de sa propre santé (Peretti-Watel & Moatti, 2009).

Au niveau des pratiques, une distanciation croissante des maîtresses par rapport aux soins hygiéniques de l'enfant semble avoir eu lieu. Dans aucune des écoles observées, les maître(sse)s n'essuient plus les fesses des enfants. Dès la petite section de maternelle (2–3 ans), les enfants sont confrontés à cette tâche, et, à l'inverse des années 1970, personne ne les aide, ni maître(sse)s ni ASEM, alors même qu'il s'agit d'une tâche très difficile, voire impossible, pour des enfants de ces âges. Outre le recentrage des adultes sur les missions d'enseignement et l'embourgeoisement continu des professeur(e)s des écoles depuis cette époque (DEP[63], 2003 ; Farges, 2017), on peut aussi évoquer un climat contemporain d'angoisse et de crispation par rapport au corps de l'enfant (Kunkel, Smith, Suding & Biely, 2000 ; Gavarini, 2004 [2001]). La crainte généralisée que l'enfant soit abusé par l'adulte est un fait social nouveau (Déchaux, 2014 ; Furedi & Bristow, 2010 ; Javeau, 1998). La figure d'un enfant innocent, désexualisé (Gavarini, 2006), profondément vulnérable (Furedi, 2001) qui serait abusé par une adulte hante l'imaginaire social contemporain, au point que tous les adultes ayant en charge des enfants font l'objet d'un soupçon inédit (Sirota, 2012), à plus forte raison les hommes (Murcier, 2005). Ce contexte contemporain explique sûrement

---

toujours en cohérence avec les besoins des enfants et plus rigoureuse à mesure que l'enfant grandit, permet, durant l'année de grande section, de consacrer une partie plus importante de la journée à des activités structurées. » (MEN, 1995, p. 8)

[63] DEP : Direction de l'évaluation et de la prospective.

le fait qu'aucun adulte ne torche plus les enfants : ni les maîtres(ses) ni les ASEM, ces dernières mettant aussi en œuvre une distanciation au corps enfantin. Des tendances du même type se manifestent aujourd'hui au niveau du préscolaire américain (Brougère, 2015c, p. 49). Du côté des soins affectifs, nous verrons dans la partie suivante de ce chapitre qu'ils sont loin d'être au cœur de la professionnalité contemporaine des professeur(e)s des écoles.

Ainsi, les soins hygiéniques et affectifs apportés par la maîtresse aux corps de l'enfant ont progressivement perdu en légitimité. Il en résulte la figure d'un enfant dont le corps est isolé du corps adulte, pouvant assurer seul ses propres soins dans une logique d'autonomie. Si nous avons évoqué de multiples faits sociaux expliquant ces évolutions, elles sont aussi liées à la montée en puissance de la représentation scolaire de l'enfant et de son corps.

2. L'approche psycho-affective

Le premier chapitre a été l'occasion de voir que les thématiques psycho-affectives, triomphantes dans les instructions de 1977, avaient ensuite progressivement décliné, durant la période 1986–2008. *Quid* des pratiques ? Le deuxième chapitre a d'ores et déjà montré que la socialisation scolaire qui prévaut actuellement dans les écoles maternelles va de pair avec la valorisation d'un enfant capable d'auto-réguler ses émotions, pour jouer son rôle d'élève. Il y a là en creux la valorisation d'un certain travail émotionnel (Hoschild, 2017). Nous prolongeons ici cette analyse, en distinguant deux types d'enseignant(e)s, dans une perspective typologique[64], après une liminaire analyse du déclin des thématiques affectives au sein des rapports d'inspection.

Déclin de légitimité de la relation affective au niveau des rapports d'inspection

Un thème est présent dans le corpus 1965–1970, qui lui donne d'ailleurs une tonalité particulière à la lecture, celui de la joie. Voici, de façon exhaustive, tous les passages mentionnant la joie dans le corpus de rapports 1965–1970 : « tout le monde chante et avec joie » ; « la matinée se termine avec de chants bien rythmés cette fois, que les

---

[64] Nous reprenons ici certains résultats analysés dans : (Leroy, à paraître b).

enfants exécutent avec joie et conviction » ; « des exercices très réguliers, journaliers, auxquels les enfants tiennent beaucoup et qu'ils réclament. Ils se déroulent dans l'entrain et la joie ». Un rapport mentionne : « la joie de chanter » [corpus 1965-1970 / 57GS] et, au sujet des danses, un autre affirme que « l'entrain et la joie règnent. ». Ces thématiques apparaissent aussi dans les commentaires généraux : « j'ai apprécié tout particulièrement l'ardeur joyeuse des élèves » ; « ces jeunes enfants chantent très bien avec plaisir et conviction » ; « Bon exercice équilibré et joyeux » ; « l'exercice ouvre la matinée dans le calme et la joie ». La thématique de l'amour apparaît également. Amour des enfants, de la part de la maîtresse, tout d'abord : « (…) l'ouverture de cœur de l'institutrice » ; « l'amour de l'enfance » ; « (…) une tendresse discrète dans ses manifestations mais rayonnante ». Mais également amour de l'enfant pour sa maîtresse ; au sujet de danses, après des comptines, on lit : « (…) l'entrain et la joie règnent ; je garde une merveilleuse impression d'une entente profonde entre la maîtresse et les enfants : observation et sollicitude d'une part, confiance naïve et ravissement de l'autre ». L'image d'un monde « heureux » est souvent évoqué : « (…) les petits sont heureux » ; « les petits enfants [nous soulignons] vivent heureux ». La présence de ces thématiques pourrait s'expliquer par la légitimité à l'époque des soins envers l'enfance, notamment affectifs, voire par la pérennité du modèle de la mère de famille, en filiation avec le XIXe siècle.

Les thématiques affectives accusent une baisse d'importance considérable dans le deuxième corpus. La joie disparaît presque du corpus 2000-2010. Il n'y a qu'une inspectrice qui utilise ce mot, au sujet de la classe et de son organisation : « Beaucoup de clarté, de couleur et de joie ». Cette inspectrice est assez singulière au sein du corpus. Elle seule évoque ce type de thématique : « classe claire, aérée, gaie… » ; « les élèves sont heureux et épanouis : la relation avec la maîtresse est d'une qualité rare ». Mise à part cette inspectrice, la thématique de l'affection connaît aussi un déclin très important entre les deux corpus. Quelques rares phrases peuvent s'apparenter à cette thématique : « la salle de classe […] est chaleureuse » ; « Elle sait communiquer la soif et le plaisir d'apprendre, avec rigueur et générosité ». Les termes ont changé et apparaissent moins lyriques. Le thème de l'amour disparaît. Pour résumer, mise à part l'inspectrice qui a été citée, presque inexistantes sont les occurrences de la joie, du bonheur, ou de l'affection dans le corpus 2000-2010. En revanche, le « plaisir » apparaît sous d'autres plumes d'inspecteurs contemporains, mais toujours associé à la notion de travail, en croissance exponentielle comme nous l'avons étudié ailleurs (Leroy, 2017a). Il s'agit du « plaisir de travailler » : « (…) les élèves travaillent avec plaisir » ; « (…) j'ai vu ce matin des élèves heureux de travailler » ; «[les enfants] sont de véritables élèves, respectent le matériel et les personnes, montrent leur connaissance avec plaisir » ; « (…) les élèves participent avec plaisir ». La comparaison des deux corpus montre donc un déclin très important, au sein du discours inspectoral, des thématiques d'ordre affectif. On peut y voir la traduction du discours officiel au sein du discours inspectoral, désormais moins sensible à ces thématiques et occasionnant ainsi un autre type de formation continue (c'est un des rôles du rapport d'inspection).

Premier idéal-type : les enseignant(e)s marqué(e)s par les valeurs psycho-affectives

Si l'ensemble des enseignant(e)s d'aujourd'hui cherche à mettre en œuvre un climat socialisateur scolaire (chapitre 2), un premier groupe cherche à articuler ces forts objectifs scolaires à une certaine attention psycho-affective à l'enfant. Pour être fortement marqué(e)s par des objectifs scolaires, elles/ils cherchent aussi dans leur pratique à porter une attention au bien-être psycho-affectif de l'enfant (éviter le stress, valoriser l'enfant, prendre en compte ses besoins émotionnels). Ce positionnement les amène souvent à valoriser les pratiques pédagogiques issues de l'éducation nouvelle (ils sont souvent les enseignant(e)s les plus marqué(e)s par ces pédagogies, chapitre 3). Elles/ils pourraient être les héritiers contemporains des valeurs psycho-affectives qui ont prospéré dans les années 60–70 et qui marquent toujours les pratiques éducatives parentales, en partie dans les catégories moyennes et supérieures. Aude est un exemple de ce type de maîtresse. Elle refuse de s'énerver, et signale les dysfonctionnements en douceur : « "j'entends des bruits étranges" dit Aude pour signifier un problème, sans crier. » (Aude, 10.01.2012) ; « "c'est tout fait n'importe quoi" dit-elle calmement aux élèves qui mettent le bazar au coin garage » (Aude, 24.01.2012). Elle refuse par ailleurs catégoriquement de s'énerver et s'en fait une règle déontologique.

> Un élève est puni (Amin), qui est mis sur une chaise. Je serai assez admiratif de sa patience : elle ne crie pas sur les enfants, tout en étant attachée au respect de certaines règles et pas du tout laxiste, bien au contraire. (Aude, 10.01.2012)

L'approche psycho-affective

« Aude ne gère pas du tout sur le mode du cri, de l'injonction sévère. Elle se maîtrise toujours et fait preuve d'un certain flegme » (Aude, 14.02.2012). Cette attitude est conscientisée chez elle et revendiquée. Elle me dit que si elle s'énervait, elle dirait aux élèves pourquoi c'est arrivé. C'est aussi que cette maîtresse a de l'humour, vis-à-vis de ses jeunes élèves de petite section. Elle semble s'amuser à employer parfois un vocabulaire très soutenu ou désuet : « "c'est insensé" dit Aude au sujet d'un élève qui dysfonctionne. Elle emploie avec eux un vocabulaire assez soutenu et parfois étonnant : elle dit souvent "point" à la place de "pas". » (Aude, 10.01.2012). Je note : « Elle dit : "vous n'avez point levé le doigt". L'idée d'un langage exemplaire ». Cette manière de parler parfois un peu alambiquée est autant une manière de familiariser ses élèves à un certain type de discours (soutenu) et à certains mots de vocabulaire, qu'un moyen d'instiller un certain humour dans la classe. Elle reconnaît du reste parfois « faire le clown » (Aude, 24.01.2012). Elle dit un jour à ses élèves : « "mais qu'est-ce qui vous prend ce matin ? Vous avez mangé du ver de terre ou quoi ?" » (Aude, 07.02.2012). Par ailleurs, face à des élèves ne respectant pas les règles de la classe, Aude opte pour une stratégie de retour sur l'événement, visant à ce que l'élève prenne conscience de son attitude, la pense, et la modifie. Je note :

> Elle mettra dehors un élève qui fait un caprice à l'atelier libre. Toute la journée, elle reviendra vers lui à plusieurs reprises… Il y aura une très intéressante discorde entre elle et l'ATSEM, pour qui ce caprice doit être traité comme tel et cesser tout de suite. Aude est plus diplomate et compréhensive […] Elle cherche à lui faire arrêter son caprice, lui demande de cesser, tout en lui expliquant les choses. Elle lui dit que c'est lui qui choisit de faire le caprice. Elle en reparlera avec lui à d'autres moments de la journée. Pour essayer qu'il prenne conscience du caractère absurde de son attitude. « Pourquoi pleures-tu ? » ; « Tu sais pourquoi tu pleures ?' » (Aude, 24.01.2012)

Elle cherche alors à faire comprendre à l'élève qu'il a un pouvoir de maîtrise sur lui-même (le même qu'elle-même met en œuvre en se contenant). « À un autre élève elle dira : "Qui a fait la bêtise ?" "C'est moi" dira-t-il. "C'est ton cerveau qui commande la bêtise… alors tu peux faire autrement." » (Aude, 10.01.2012). Cette manière de faire d'Aude doit être distinguée de l'attitude de son ATSEM, Patricia (issue de milieu populaire), qui, face à un comportement inadapté, réagit de manière vive et brusque selon Aude. « "Patricia… doucement !" dit Aude ». Ce contraste montre deux manières d'envisager l'autorité vis-à-vis des enfants.

L'empreinte de la vulgarisation de la psychologie affective de l'enfant sur les pratiques de classe d'Aude se lit aussi dans son rapport à l'évaluation. Elle refuse en partie un système d'évaluation ternaire répandu, les « bonhommes qui sourient ».

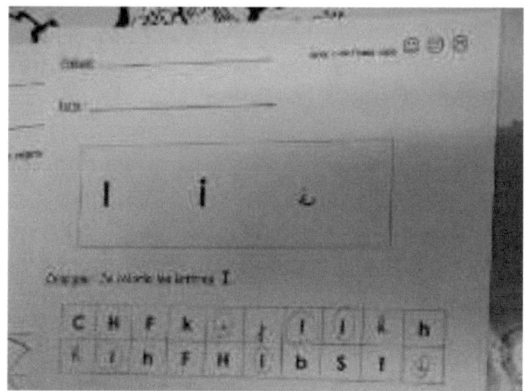

Illustration n° 8 : Les « bonhommes qui sourient »

En haut à droite de la fiche, on voit trois visages : un bonhomme qui sourit, un autre qui boude, et un qui adopte une expression intermédiaire. À l'issue du travail, la maîtresse entourera le bonhomme qui sourit si le travail est réussi, le bonhomme qui boude si le travail est raté, ou celui du milieu si la réussite du travail n'est que moyenne. Aude critique ce système pour des raisons de nature psycho-affective. Le bonhomme qui boude lui semble potentiellement avoir un impact négatif sur l'estime de soi. Sa position est proche de celle de Nadine[65], qui affirma lors de l'entretien semi-directif :

---

[65] Nadine, la trentaine, 4 ans d'ancienneté, exerce dans une école d'éducation prioritaire située dans un quartier populaire de Paris.

M : oui moi j'ai vraiment peur avec ça de les bloquer... si petits... d'avoir des enfants... on en voit déjà qui arrivent en moyenne section : je sais pas faire, je suis bloqué... tu vois le petit Adrien qui est dans ma classe, c'est terrible ! Il a zéro confiance en lui... quand je lui dis qu'il a bien travaillé, il rayonne la journée entière... parce qu'il est convaincu qu'il est nul, qu'il ne sait rien faire... (Nadine, 01.03.2009)

Aude ne met ainsi jamais le bonhomme qui boude.

Illustration n° 9: L'appréciation la plus négative dans la classe d'Aude

L'appréciation la plus négative est ce bonhomme (illustration n° 9) et non le bonhomme qui fait la tête, par souci affectif. D'autres maître(sse)s, critiques des « bonhommes qui sourient », trouvent d'autres solutions ou aménagements. Ne pas utiliser de signes d'évaluation en est un (« ça me paraît moins violent qu'un signe » dit Roxane[66]).

Retenons de l'ensemble de ces développements que ce premier groupe d'enseignant(e)s met en œuvre une normalisation des conduites plus subtile, plus discrète peut-être, mais qui ne le cède en rien sur la conformation scolaire des émotions et des attitudes. Les données glanées

---

[66] Roxane, 27 ans, la trentaine, 6 ans d'ancienneté, exerce dans une école d'éducation prioritaire située dans un quartier populaire de Paris.

nous amènent à faire l'hypothèse que les professeur(e)s des écoles de groupe viendraient davantage des catégories moyennes et supérieures. Leur attachement aux valeurs psycho-affectives et au jeu éducatif s'expliquerait par leur socialisation primaire (Le Pape, 2012 ; Vincent, 2000) et non par leur formation professionnelle, peu axée sur ces thématiques à l'époque contemporaine. Notons *in fine*, dans la continuité de Dannepond (1979) que ce premier groupe de professeur(e)s des écoles ici mis au jour a été davantage constaté dans les écoles de milieux populaires. Peut-être est-ce dû au fait qu'il y règne moins d'ambitions scolaires.

Deuxième idéal-type : climats disciplinaires

Isia, un ordre scolaire peu marqué par les valeurs psycho-affectives

Isia impose les règles scolaires de manière beaucoup plus directe qu'Aude. Elle ne considère pas que l'âge des enfants qui lui sont confiés (en l'occurrence, leur jeune âge : c'est une maîtresse de petite section) doive entraîner des aménagements particuliers d'ordre psycho-affectif : elle a à faire l'école. La classe de Isia se caractérise par une discipline extrêmement stricte. Isia intervient de façon vive et reprend très sèchement les élèves tout au long de la journée. « "vous vous excusez mutuellement. ATTENTION : si je vois encore vos mains levée" » (Isia, 31.01.2012) ; « "on RESTE ASSIS" ». Tout comportement inadapté est immédiatement repris, corrigé, signalé. Cette attitude s'oppose à celle d'Aude, qui cherchait à ce que l'élève revienne sur son comportement jugé inapproprié, et qui, par conséquent, l'acceptait davantage, même si ce n'était que de façon transitoire. Isia reprend les élèves très vivement : l'élève doit s'asseoir immédiatement sur les bancs, dès que le signal a retenti. Je note : « 9h15. Bancs. Sydia est sommée de venir au banc ». Je note également : « Une gestion très réactive des écarts des élèves » (Isia, 31.01.2012). Il semble en effet que tel comportement non souhaité soit immédiatement repris par la maîtresse, d'une manière behavioriste. La maîtresse est ainsi toute la journée en alerte, prête à repérer les comportements inadaptés. « "vous êtes prêts à pas faire n'importe quoi ?" ». Elle dit ceci au début d'une séance de sport, alors même qu'elle n'a pas commencé, ce qui traduit le fait qu'elle est déjà prête à sanctionner. Souvent, des signes très brefs ou un geste suffisent : « Elle claque des doigts : "assieds-toi !" ». Les punitions sont nombreuses. Le thème de la « punition » apparaît souvent dans le discours de la maîtresse : « "vous vous levez encore une fois : c'est puni !" » (Isia, 31.01.2012) ; « "je sens que les punitions vont tomber" ». La « chaise des punis » est ainsi un outil indispensable de cette classe et très usité. Le troisième jour d'observation, à 10h07, au moins cinq élèves y ont déjà fait un séjour. Lorsque les élèves ne sont pas dans la classe, la maîtresse improvise des « chaises des punis » *ad hoc,* là où ils sont, par exemple dans la salle de sport. Certaines punitions sont sévères : des élèves sont privés de la totalité de la récréation (ce qui est interdit).

Le rapport d'Isia aux enfants semble pouvoir être mis en lien avec l'origine sociale de cette maîtresse. Elle est issue de l'immigration : son père est ouvrier en bâtiment et sa mère, ATSEM. L'extrême respect des valeurs scolaires d'Isia s'enracine donc peut-être dans cette trajectoire sociale et dans un milieu pour lequel l'école devait beaucoup compter. Ensuite, on imagine qu'Isia tire une fierté de son ascension sociale et de son statut d'*enseignante* (sa mère est ATSEM) : ce statut serait alors mis en œuvre de manière paroxystique. Enfin, on peut faire l'hypothèse que dans le milieu d'Isia, le rapport à l'enfant n'est pas marqué par une prise en compte psychologique / affective de l'enfant (Kellerhals & Montandon, 1991). Tous ces éléments concourent à faire de la classe d'Isia, une classe dirigée par une main de fer, au fonctionnement disciplinaire. Il fut pourtant assez déconcertant de constater la différence entre le climat instauré dans sa classe et certains de ses propos. Concernant ce climat, elle dit : « "faut que ce soit sympa" » (Isia, 31.01.2012) ; « "j'ai pas envie d'être la maîtresse qui crie tout le temps" » ; « "je veux pas que ce soit tout le temps militaire" ». Cette maîtresse a l'impression d'être plutôt moins stricte que d'autres. Comment interpréter cela ? Peut-être de la manière suivante : Isia aurait été profondément marquée par l'idée que la maternelle devait être « école » ; ainsi, elle imagine que les autres maître(sse)s encore plus scolaires qu'elle, c'est-à-dire encore plus attaché(e)s à l'ordre et à la discipline. Elle s'imagine ainsi plutôt moins stricte que la moyenne, voire même un peu « sympa » comme elle dit. C'est aussi qu'elle se permet quelques très rares moments de contact affectif, où elle met en suspens un instant très bref ce rapport disciplinaire (Leroy, à paraître b).

Stress des enfants dans les maternelles contemporaines

En dehors de la classe d'Isia, d'autres situations peu favorables au bien-être psycho-affectif des enfants de maternelle ont été constatées. La poursuite des objectifs scolaires est au fondement du fonctionnement des classes. De là, il apparaît qu'une certaine tension peut apparaître chez certain(e)s enseignant(e)s si ces objectifs sont difficiles à atteindre[67]. Cette tension a été ressentie chez Florence. Cette maîtresse est très rigoureuse, par exemple dans la gestion du temps. Dans le déroulement des séances, elle tient fermement à ce que la séance se passe comme prévu et que les enfants remplissent le rôle qui est le leur. « Quelques renforcements positifs, [mais] surtout des rappels à l'ordre. Pas de sourires, rien d'autre. Florence est dans l'objectif qu'il n'y ait pas d'écarts et que chacun fasse ce qui doit être fait. » (Florence, 29.11.2011). L'humour n'y a pas droit de cité, ni le rire. « Cette maîtresse ne rit pas avec eux ». Lors d'une séance de lutte, à la suite d'une chute comique d'un élève, tous les élèves rient (je fus moi-même tenté de le faire, mais je l'évitai pressentant que ceci ne serait sûrement pas apprécié par la maîtresse). Florence reste imperturbable : « elle est concentrée, elle ne rigole pas du tout. "c'est hallucinant, vous n'écoutez rien !" ». Une autre fois, les élèves ont à imiter corporellement des crabes, je note : « [les enfants] rigolent beaucoup sur les imitations de crabes. Elle est concentrée sur sa séance. » (Florence, 04.10.2011). Une impression de tension se dégage de la classe. Elle crie beaucoup. « Les cris de la maîtresse sont toujours liés à un manque d'attention et vise à ce rappel. Faire taire quelqu'un qui n'est pas interrogé aussi » (Florence, 29.11.2011). Souvent, dans mes notes d'observation, je mettais des majuscules pour traduire ses cris : « "bouge plus BOUGE PLUS BOUGE PLUS !" dit-elle » ; « "TU NE FAIS PAS CA ! EST-CE QUE C'EST CLAIR ?... C'EST PENIBLE ! TOUS LES JOURS JE L' DIS !" » ; « "NAAAAAAAN" elle hurle. "C'est incroyable celui-là !" » (Florence, 29.11.2011) ; « "DEPECHE TOI SIRADIO !"» ; « "TU NE DOIS PAS METTRE LES PIEDS PAR TERRE !!!" ». Elle reconnaît elle-même s'énerver, en disant à ses élèves : « "ça m'énerve, c'est dingue !" » (Florence, 18.11.2011). Elle perd parfois son sang-froid, et adopte alors un vocabulaire trivial : « "Pourquoi tu mets 10 plombes à me répondre !" » ; « "Assied-toi, tu me saoules!" » (Florence, 15.11.2011). Une violence apparaît donc dans ce type de classes. Même si les situations de fortes tensions devaient sûrement exister avant l'affirmation de la représentation scolaire propre aux années 1986–2008, le métier de professeur des écoles

---

[67] Qui plus est dans un climat prescriptif où règne une logique de compétence (chapitre 1). Le professionnel peut (doit) toujours s'améliorer, ici densifier la journée en apprentissages scolaires.

L'approche psycho-affective

pourrait avoir récemment connu des évolutions semblables à celles constatées dans d'autres secteurs de l'emploi, par exemple au niveau de l'action sociale et médico-sociale (Jaeger, 2009) liées à une forte « emprise » du métier sur les subjectivités (Lantheaume & Hélou, 2008), indissociables de risques psycho-sociaux chez les enseignant(e)s (Jégo & Guillo, 2016).

Chez Violette, maîtresse aux exigences scolaires affirmées (voir chapitre suivant), le climat de très fortes attentes aboutit à des situations de stress semblable, tant du côté des élèves que de l'enseignante. « Les GS [grande section] sont presque tous sur les bancs maintenant. Mais Garance va se faire fortement reprendre, car elle n'est pas encore sur un banc. "je serais au bord du meurtre !!" ». Cette maîtresse fait aussi preuve parfois de violence physique, d'au moins trois manières : « Elle *tire le menton* [je souligne] de Jean […] » ; « Alimatou n'y arrive pas, elle entoure avant même que la maîtresse ait dit quel mot il fallait entourer. La maîtresse la reprend en lui faisant remarquer cela. Elle *tape sur la tête* [je souligne] de Alimatou : "je n'ai pas dit ce qu'on entoure !" ; « La maîtresse remarque qu'un élève de l'autre demi-groupe n'est pas allé chercher sa feuille tout seul en y pensant seul : elle *le prend par le col* [nous soulignons] et l'amène aux feuilles très très vigoureusement. » (Violette, 22.05.2012). Dans ces conditions, j'ai eu l'occasion de constater qu'un élève semblait souvent stressé dans cette classe, ayant du mal à s'organiser ou à suivre les activités.

> Elle tire le menton de Jean, qui semble perdu, avec toujours cette tête d'angoissé. Cet enfant a l'air perdu dans la classe et j'ai à ce moment le sentiment que l'autonomie qu'on lui demande est trop dure pour lui. (Violette, 22.05.2012)
>
> "Je peux aller aux toilettes" dit Jean d'un air très inquiet.
> '"À ton avis" dit Violette.[i.e. : non ce n'est pas possible]
> Fin de l'échange.
> Quelques minutes plus tard :
> "Pourquoi tu n'es pas allé aux toilettes pendant la cour ?"
> "Parce que j'avais pas envie"
> "Eh bah tu attends un peu" [d'un ton cinglant] » (Violette, 22.05.2012)

Le caractère potentiellement stressant de la maternelle peut être renforcé par le fait que les questions spontanées de l'enfant ne sont que très rarement prises en compte. Les chapitres précédents ont montré que l'enfant a surtout à être élève, c'est-à-dire faire ce qu'on lui dit de faire. La parole spontanée de l'enfant peut vite être considérée comme inopportune, car interrompant la marche de la classe. Bertrand ou Violette (école privilégiée) ne répondent, le plus souvent, pas aux questions spontanées des enfants.

> Depuis le début de la journée, Bertrand s'est adressé aux enfants essentiellement sur la question de l'ordre et de la commande, de l'injonction (rangement). À plusieurs reprises dans la matinée, des élèves vont essayer de lui parler, mais il ne va pas vouloir.
>
> C'est comme s'il mettait une barrière entre lui et les élèves, comme lors de l'accueil. Il se maintient à distance, se protège (il me dira être fatigué nerveusement de la maternelle). Consciemment ou non, il se contente du minimum. Les communications orales superflues ne sont pas conduites. Une élève, par exemple, vient le voir et lui dit « je n'en peux plus de X… il arrête pas de me suivre » (citation approximative). « oh arrête » répond Bertrand, avec un mouvement de tête et de corps indiquant qu'il ne veut pas que cette conversation se prolonge. (Bertrand, 15.05.2012).
>
> Noémie vient me voir car un élève au lieu de ranger a mis un Kapla dans sa manche. "Il a mis un Kapla dans sa manche". "va voir ton maître" lui dis-je. Elle va pour lui parler, mais il lui coupe la parole dès le début : "tais-toi, va t'asseoir". Il faut aller sur les bancs. Il ajoutera peu après : "garde ton énergie pour quand on fait du travail". (Bertrand, 15.05.2012)

Des moments très comparables ont été vus chez Violette. Une intervention d'une élève, à laquelle la maîtresse répond : « "Si c'est une histoire personnelle, je n'en veux pas. Est-ce que tu as une question sur ce travail ?" » ; « Elle demande à Valentine si elle pleure. Elle dit non, mais qu'elle a pleuré dehors. Violette ne veut alors pas savoir ce qu'il s'est passé. "La cour, c'est la cour" » (Violette, 22.05.2012).

Conclusion du chapitre 4

Ce chapitre nous a permis de continuer l'exploration du contexte socialisateur qu'est l'école maternelle contemporaine. Nous avons voulu montrer que le déclin de légitimité des soins apportés aux enfants, affectifs ou hygiéniques, doit être resitué dans une histoire longue, au carrefour des évolutions des représentations de la mère, de l'enseignant(e) de maternelle, de leurs origines sociales, etc. Entre 1986 et 2008, l'affirmation de la représentation scolaire de l'enfant au niveau du curriculum formel joue aussi très largement en faveur de ce déclin. En conséquence, en parallèle à une autonomie scolaire confirmée (chapitre 2), mais déjà documentée (Durler, 2015), nous mettons ici en lumière une exigence d'autonomie du côté hygiénique, résultat selon nous relativement inédit, et qui amène à penser la question des exigences de responsabilisation contemporaine de l'enfant de façon plus vaste que celle de la seule dimension des exercices scolaires. Une distanciation de l'adulte est du même coup à l'œuvre. Elle se retrouve en partie du côté psycho-affectif. Les évolutions de formation semblent avoir joué en faveur d'un déclin de légitimité de ce rapport, dont nous avions déjà vu au chapitre 2 qu'il n'était pas au cœur de la professionnalité contemporaine des professeur(e)s des écoles. Dès lors, les professeur(e)s des écoles les plus « psycho-affectifs » sont celles/ceux qui importent de leur socialisation (primaire ou secondaire) ce type de rapport à l'enfant, d'autant plus qu'ils exercent en milieu populaire, où les exigences sont un peu moins fortes comme nous le verrons dans le chapitre suivant. Pour les autres, peu familiarisés à ces valeurs, qui n'ont au demeurant pas été au cœur de leur formation professionnelle, leur pratique se caractérise par une certaine âpreté, un rapport à l'enfant s'instaurant dans l'abstraction des émotions enfantines. Pourtant, l'observateur extérieur peut constater que si les émotions ne sont guère prises en considération dans ces classes, elles les débordent néanmoins. En atteste la présence de stress des élèves mais aussi des enseignant(e)s, non sans lien *in fine* avec les recherches contemporaines de rentabilité scolaire et les évolutions des professionnalités décrites dans le premier chapitre (logique de compétence).

Chapitre 5 : Les plus faibles, en marge de la marche de la classe

Le chapitre 2 a permis de montrer la forte empreinte de la forme scolaire sur les pratiques ordinaires de maternelle. Un climat de « travail » règne souvent, également lié au fait que les valeurs de l'éducation nouvelle ont perdu en légitimité (chapitre 3). De là, on peut dire qu'il est des continuités entre ces transformations récentes et les objectifs des textes officiels de 1986 à 2008, visant à rendre l'école maternelle plus « école ». Or, un des objectifs de cette politique était de lutter contre l' « échec scolaire » et rendre le système éducatif français plus performant (chapitre 1). Nous souhaitons donc consacrer ce chapitre à cette question. Les pratiques actuelles hautement scolarisantes, en partie fruits des évolutions prescriptives, aboutissent-elles à rendre l'école maternelle plus efficace dans la transmission des apprentissages enseignements à tous les élèves ? Cette question nous amène à poser la question des liens entre pratiques contemporaines de l'école maternelle et inégalités socio-scolaires et à nous inscrire dans un champ qui a déjà fait l'objet d'une littérature conséquente que nous avons évoquée en introduction. Nos analyses nous paraissent complémentaires à cette littérature. Nous avons fait le choix dans ce chapitre de proposer plusieurs études des cas, dans le but de faire pénétrer le lecteur dans les classes, et de rendre visible la place qu'y occupent les élèves les plus faibles.

I. Logiques élitistes dans les quartiers privilégiés

Deux élèves dans des écoles de milieux privilégiés seront ici suivis : Romane (classe de Violette, maîtresse de grande section dans le centre de Paris, milieu privilégié) et Kaïta, élève de petite section (classe de Dominique, milieu privilégié).

Romane, une élève pas assez rapide et mise de côté dans la classe de Violette

Nous complétons ici le portait de Violette, maîtresse déjà décrite dans le chapitre précédent et dont nous avons vu que la pratique était marquée par de nombreuses tensions aboutissant à un climat de classe stressant pour tous. Violette est une maîtresse exerçant dans une école publique privilégiée située au centre de Paris, dans des quartiers historiques de la capitale. Dans les entretiens menés avec elle et un de ses collègues, il est apparu qu'une forte pression règne sur ces enseignant(e)s et du même coup sur les élèves. Elle s'explique par de fortes exigences des parents, mais aussi par la proximité de l'école élémentaire, au niveau soutenu, qui « oblige » les enseignant(e)s de maternelle à mettre la barre très haut. À partir d'avril, les tables sont mises « en rang d'oignons », comme c'est souvent (pas toujours) le cas en école élémentaire, pour préparer les élèves. En continuité, le curriculum réel est plutôt lié à ces exigences locales (adaptation à l'école élémentaire voisine élitiste) qu'aux programmes, les dépassant largement. De là, un rythme d'apprentissage très soutenu est apparu dans les classes de cette école. Dans la classe de Violette, à la fin de l'année scolaire, 75 fiches sont présentes dans le cahier rassemblant les travaux liés à l'écrit et 73 apparaissent dans le cahier de sciences. Cette exigence de rapidité apparaît aussi dans les propos de Violette en classe. Un jour, elle affirme être « "super en retard" », que « "c'est du délire" », et dit à un élève « "tu n'as pas de chance, aujourd'hui c'est super-boulot" » (Violette, 22.05.2012). Les enseignant(e)s de cette école ont été les seul(e)s à évoquer régulièrement le « programme » de l'année. Bertrand affirme : « On est pris par la lecture, l'écriture cursive... et on se dit : alala ! On est en retard par rapport à l'année dernière, il faut vraiment avancer ! »

> Je trouve qu'on fait pas assez d'arts plastiques (...) mais tous les ans je me dis ça et tous les ans on se fait reprendre par la lecture... l'écriture... alors qu'on pourrait s'éclater en arts plastiques... on en fait pas assez (...) mais voilà... moi ce serait vraiment mon truc... je le ferai un jour... j'y arriverai ! Avant la retraite... (Bertrand, 04.04.2009)

Il y a là un contraste important par rapport à Isabelle, maîtresse d'école d'éducation prioritaire, qui affirma : « en maternelle... on propose beaucoup de choses... on n'attend pas que les mômes aient acquis quoi que ce soit... ils sont en construction » (Isabelle, 21.01.2009). On voit ici comment les exigences en maternelle peuvent différer selon les milieux sociaux où les écoles sont implantées.

L'observation directe a permis de montrer que ce rythme dense d'apprentissage va de pair avec des processus de mises à l'écart des élèves les plus faibles, qui ne suivent pas cette marche rapide de la classe. Romane en fait partie.

Illustration n° 10: Romane se trompe sur la consigne d'un exercice

Ici (illustration n° 10), Romane doit compter le nombre de motifs et écrire le chiffre correspondant dans le carré sur la droite de la feuille. On voit que Romane a cru qu'il s'agissait d'un exercice de graphisme, courant en maternelle. Elle a cru qu'il fallait reproduire des croix, puis des ronds.

104　　　　　　　　*Les plus faibles, en marge de la marche de la classe*

Illustration n° 11: Les difficultés de Romane (1).

Elle comprend également mal la consigne de la fiche reproduite sur l'illustration n° 11. Il faut colorier les lettres du mot « EAU » de la même manière qu'en haut de la feuille. Mais Romane fait des erreurs comme l'atteste cette illustration. Il semble qu'elle ait cru qu'il fallait simplement retrouver les lettres E, A, et U, sans avoir compris qu'elles devaient être réunies pour former le mot « EAU ». Comme dans l'exercice de comptage qu'elle avait pris pour un exercice de graphisme, elle se trompe sur la consigne de l'exercice, ou ne la comprend qu'à moitié. D'autant que le décryptage de l'organisation même de la fiche suppose des pré-requis (Joigneaux, 2009b) que Romane ne possède pas toujours.

Illustration n° 12: Les difficultés de Romane (2).

Elle prend ici la feuille dans le mauvais sens (illustration n° 12) et écrit son prénom en haut à droite (souvent, c'est ce qu'il faut faire sur les fiches). Mais elle ne se rend pas compte que cette ligne était prévue pour un exercice d'écriture (quand la feuille est prise dans le bon sens, il s'agit d'une ligne tout en bas de la feuille). Il est ici manifeste que cette élève ne possède pas l'autonomie que Violette souhaiterait et qu'elle n'est pas capable d'enchaîner les activités, en les réussissant, au rythme exigeant que Violette insuffle à sa classe, corrélé aux attentes de l'école voisine.

Lors de cette séance, la maîtresse aide de nombreux élèves, mais pas Romane. « Elle me dit qu'avant, elle passait une heure par jour avec Romane, mais qu'elle a renoncé. Aujourd'hui elle reconnaît la laisser un peu sur le côté. » (Violette, 22.05.2012). C'est que Romane a un niveau assez éloigné des attentes de Violette. Par conséquent, l'aider prendrait beaucoup de temps. « "c'est ¾ d'heure avec elle" me dit-elle au sujet de Romane. » ; « " tu ne comprends pas ce que je dis Romane". "Non" répond-t-elle. Pas d'autre échange » (id.). La maîtresse privilégie l'objectif de faire acquérir à la majorité des élèves un niveau élevé (la majorité de la classe semble suivre), mais en laissant de côté certains élèves qui n'y parviennent pas. La logique privilégiée n'est pas inclusive, visant à faire progresser l'ensemble des élèves quel que soit leur niveau. Une logique élitiste est à l'œuvre, au détriment des plus faibles. La situation est d'autant plus frappante que Romane pourrait tout à fait suivre les programmes d'école maternelle, mais ce ne sont pas eux qui fixent ici les objectifs, mais l'école élémentaire voisine. Notons *in fine* que non seulement Romane n'est pas mise en condition de progresser (n'étant pas confrontée à des activités relevant de sa zone proximale de développement), mais que de plus, elle subit particulièrement les brimades enseignantes, courantes dans cette classe du fait du fort climat de tension qui y règne (chapitre précédent). « Romane ne fait pas [la nouvelle fiche] car elle ne comprend rien » dit par exemple la maîtresse devant toute la classe.

Kaïta, marginalisée dès la petite section

Kaïta est une élève de petite section d'une école située dans un arrondissement très privilégié de Paris. Sa maîtresse est une maîtresse formatrice, qui accueille donc régulièrement des professeur(e)s des écoles stagiaires dans sa classe, pour donner à voir des séances censées être exemplaires.

Kaïta, en décalage par rapport au rôle d'élève attendu

Kaïta s'avère très souvent à la marge des activités de la classe. Sur les bancs, dès le regroupement du matin, elle n'écoute pas :

> Kaïta se retourne, joue avec la personne qui est derrière elle (alors qu'il n'est que 8h46). Je suis frappé par ailleurs par le fait qu'il y a au moins 6 ou 7 enfants, peut-être plus, c'est difficile à dire en raison de ma place, qui s'intéressent très très peu à ce que dit la maîtresse. (Dominique, 29.11.2012)

Aux ateliers, elle peine à jouer son rôle d'élève, préférant jouer avec les objets plutôt que de les prendre comme objet d'analyse comme on lui demande. Le premier jour d'observation, j'avais assisté à un atelier visant à ce que les élèves de la classe comprennent la notion de « trop » et de « pas assez », en remplissant une barquette d'œufs. S'il n'y avait pas assez de place dans la barquette, ils devaient accéder à la notion de « trop » en énonçant ce mot et s'il n'y avait pas assez d'œufs à la notion de « pas assez ». Kaïta préféra jouer avec les œufs.

> Il semble qu'au moins pour certains d'entre eux, ils aient plutôt envie de manipuler librement ce matériel que de s'adonner à ce qu'elle veut (qui n'est pas simple à faire faire aux enfants). […] Elle demandera aussi à Kaïta d'en prendre 1, 1 et 1 […] pour finir de compléter (car il lui en manquait trois). Mais elle déplace un des œufs pour boucher le trou (du coup un autre trou apparaît). La maîtresse veut qu'elle prenne dans le bac à œufs, mais la petite ne comprend pas et continue cela. (Dominique, 29.11.2012)

Elle est souvent perdue en classe. « 9h00 elle [la maîtresse] répartit les élèves aux ateliers. Kaïta se lève, alors que la maîtresse ne l'a pas appelée. Elle n'a pas compris que ce n'était pas son tour. » (idem).

Kaïta, écartée de la séance « exemplaire »

Le jour où les étudiant(e)s vinrent assister à une séance de Dominique, l'objectif était que les élèves classent des matériaux selon la distinction « mou / dur ».

> La maîtresse, quant à elle, a un atelier dont le but est de leur faire comprendre les notions de dur et de mou. Elle a découpé des carrés aux matériaux variés dans le but que les élèves parviennent à une classification ou du moins à une première compréhension de la différence entre les deux propriétés. "ça ça éclate !" dit un élève qui prend le papier bulle. Il semble avoir plus envie de jouer à cela qu'à entrer dans l'abstraite activité de la maîtresse. Un élève tape les carrés préparés pour l'activité les uns contre les autres. La maîtresse lui dit de ne pas faire cela. Un autre tape sur la table à deux mains. D'autres bougent la nappe. Ces éléments montrent que certains enfants ont des préoccupations beaucoup plus enfantines que ce qui leur est demandé ici ; […] La maîtresse cherche à leur faire dire "mou" et "dur", "doux" et "rugueux". Elle y arrive en partie, mais bon nombre d'élèves comme nous l'avons dit ont d'autres préoccupations et les intéresser à ce qu'elle veut n'est pas simple.

La séance se réalisa donc en partie seulement comme la maîtresse le souhaitait. Pour la professeure d'IUFM[68], ce n'était pas satisfaisant.

> Je me permets de m'avancer vers la professeure d'IUFM et de lui demander ce qu'elle a pensé de la séance. Elle me dit qu'on va faire le bilan mais que ça s'est passé « difficilement », que les « notions » prévues ne sont pas « acquises ». Cette séance avait sa place dans une « progression » et il lui semble difficile que le déroulement prévu puisse être tenu, difficile que l'on puisse

---

[68] IUFM : Institut universitaire de formation des maîtres.

enchaîner avec la séance suivante. Lors de la discussion entre la professeure d'IUFM, la maîtresse-formatrice, et les étudiants, des dysfonctionnements de la séance furent également commentés. « doux n'est pas sorti pour le 2e groupe » constate-t-on. Dominique chercha à se justifier (à ce titre j'ai été très surpris de constater qu'elle semblait elle-même évaluée, alors que je pensais voir une professionnelle sûre de sa pratique et de sa légitimité étant maîtresse-formatrice). (idem)

Ce climat de forte exigence envers la maîtresse explique également un autre fait que nous avons pu remarquer et qui n'échappa pas non plus à la professeure d'IUFM : Dominique avait écarté de cette séance censée être exemplaire les moins bons élèves de la classe, dont Kaïta, qui avait été sommée d'aller jouer aux coins-jeux (comme parfois Cheikne, voir plus bas). Qu'en conclure ? Ces données de terrain nous semblent illustrer la présence d'attendus fort exigeants pesant sur ces jeunes élèves de maternelle (3 ans). Alors même que Dominique est maîtresse-formatrice, et qu'elle exerce dans un milieu très privilégié, elle ne parvient pas à réaliser une séance répondant aux attentes implicites (enfants concentrés et appliqués à la tâche). Ensuite, la présence d'exigences scolaires aiguës jouent aussi en faveur de la mise à l'écart de Kaïta de la séance, un peu comme chez Violette avec Romane. Romane et Kaïta risquent de « gripper la mécanique », de ne pas permettre de poursuivre d'ambitieux objectifs avec une majorité d'élèves qui pourraient y accéder. Il nous semble en tout cas très significatif que dans cette séance de formation initiale, on « gomma » cette élève. Les professeur(e)s des écoles stagiaires se voient alors formé(e)s à la mise en œuvre d'une pratique élitiste.

La maîtresse face à Kaïta

Kaïta a commencé sa scolarité depuis quelques mois. Pour Dominique, elle est pourtant, déjà, « en BIG difficulté », étant « dans la patouille ». On voit ici comment un enfant n'ayant pas développé dans la sphère familiale certaines dispositions mobilisées et valorisées à l'école se voit *ipso facto* disqualifié comme « anormal ». Au niveau de sa professionnalité, Dominique considère ainsi qu'elle a à faire progresser les élèves ayant déjà développé des dispositions scolaires, plutôt qu'à initier aux dispositions scolaires les élèves qui n'en ont pas été pourvus par leur milieu d'origine. Parfois, la maîtresse essaie de corriger le comportement de Kaïta : « "Kaïta tu regardes, Kaïta tu regardes" » dit-elle lors d'un regroupement. Mais le plus souvent, la tentation est forte de la laisser de côté, comme Romane chez Violette, son niveau initial ne permettant guère d'envisager qu'elle s'intègre à la marche de la classe. Pour la maîtresse, les causes de son échec sont expliquées par une argumentation au carrefour de la thèse du handicap socio-culturel et de la psychologisation de la difficulté scolaire (Darmon, 2001).

> La maîtresse me dira […] qu'elle est « en BIG difficulté » car elle est « dans la patouille » Elle est de décembre [elle a donc deux ans]. Elle me dira l'après-midi que son frère est de janvier et elle de décembre, ce qui apparemment lui semble étrange et « pas terrible ». Elle ajoute, comme si ceci était la conséquence de ce que je viens de dire sur la proximité avec son frère, qu'elle a sûrement des « problèmes psy ».
>
> Le maîtresse, la professeure d'IUFM et les étudiantes parlent de Kaïta. « De grosses difficultés ». La maîtresse, exactement comme avec moi la semaine dernière, enchaîne tout de suite en disant : son frère est né en janvier, elle est née en décembre, comme si c'était une explication du fait qu'elle ait de grosses difficultés. (Dominique, 29.11.2012)

3. Éducation prioritaire et fonctionnements pédagogiques excluants

L'exemple de Cheikne montre que ce type de fonctionnement pédagogique apparaît aussi sous des formes proches en éducation prioritaire, certes dans le cadre d'ambitions scolaires moins élitistes. Cheikne est un élève de grande section de la classe de Jeanne (école classée en éducation prioritaire et implantée dans un quartier très populaire de Paris). Il n'arrive jamais à réaliser les activités demandées. Elles sont trop difficiles pour lui. Voici le travail d'une « bonne élève » de la classe et celui de Cheikne, à la fin de l'atelier[69].

---

[69] Nous reprenons ici des éléments de l'article : (Leroy, soumis).

Illustration n° 13: La même activité, réalisée par Marjolaine (à gauche) et Cheikne (à droite) (classe de Jeanne)

Pour réussir ce travail, il faut :
- connaître au préalable que tel chiffre (signe) représente tel nombre (le signe « 6 » désigne une quantité de six éléments).
- Savoir constituer une collection définie d'objets (mettre les trois galettes quand il est écrit « 3 »)
- Savoir dessiner ces objets parfois complexes (fleurs par exemple)

Un « travail » parfait consisterait aussi à écrire son prénom et la date en haut, ce qui suppose de maîtriser l'écriture en lettres capitales. Pour réussir l'ensemble, un minimum d'organisation s'impose : découper et ne pas perdre ses étiquettes représentant des dés par exemple. Ce travail suppose, pour être réalisé, de connaître déjà les chiffres (signes) de 1 à 6. C'est souvent le cas en grande section, mais ce n'est pas le cas de Cheikne. Marjolaine (travail de gauche, illustration n° 13) les connaît, et parvient à associer les chiffres aux images de dés sans problèmes. Comme elle sait dessiner comme attendu, elle parvient à réaliser la deuxième étape du travail sans aucun problème (dessiner le bon nombre d'objets). Cheikne quant à lui ne connaît pas les chiffres de 1 à 6 : il ne peut donc rien faire. Par ailleurs, même s'il savait, il aurait à coup sûr du mal à

Éducation prioritaire et fonctionnements pédagogiques

dessiner, d'autres moments de la classe m'ayant montré qu'il n'était pas acculturé à cette pratique. Il faut dire que Cheikne vit dans un milieu très modeste où il n'y a sûrement pas de feutres (famille africaine issue de l'immigration, parlant le français difficilement et en situation de grande précarité sociale). Enfin, il est au tout début de l'apprentissage de l'écriture des lettres capitales : il est incapable d'écrire la date en haut, et même son prénom. En somme, ce travail est idéal pour Marjolaine : elle va parfaire, systématiser, ses compétences numériques et d'écriture, déjà bien en place. Cheikne ne peut qu'être confronté à ses difficultés et cette activité ne peut aucunement lui permettre de progresser. Il essaye de s'en sortir en copiant, ce que j'ai constaté à plusieurs reprises.

Dans les moments d'ateliers, Cheikne est très souvent dans des situations semblables à celle qui vient d'être décrite. Jeanne cherche parfois à l'aider, comme dans la séquence suivante.

> Cheikne à son atelier découpe des étiquettes. Et les met au mauvais endroit. IL SINGE. Comme du reste d'autres élèves du groupe. (…) Jeanne [la maîtresse] intervient auprès de Cheikne, et là j'ai bien vu comment elle fait sa remédiation. En deux secondes, elle a dit à Cheikne lesquelles étaient bonnes (il les a mises au hasard [mais elle ne le voit pas]). Elle expédie les faux et lui dit […] de se référer aux lettres au-dessus du tableau. […] Il est perdu. Elle ne le voit pas. Il n'a pas les compétences d'autonomie pour faire cela, ni de connaissance des lettres. Il n'a pas compris l'exercice. Il va regarder les livres. (Jeanne, 21.11.2011)

Mais l'aide proposée par Jeanne n'est pas féconde pour Cheikne. Elle lui dit de se référer à un tableau de correspondance des lettres, selon les trois types d'écriture (capitale, cursive, script), qui est au-dessus du tableau. Mais Cheikne ne sait pas comment on compare deux mots : il faut procéder lettre par lettre de gauche à droite de chaque mot et à chaque fois comparer chaque lettre des deux mots (tout en se référant au tableau au-dessus du tableau pour déterminer s'il s'agit de la même lettre, dans deux types d'écriture différents). En somme, l'aide dispensée par Jeanne supposerait pour être utile plusieurs acquis que Cheikne ne possède pas. Cheikne aurait besoin, comme Romane, de bien plus de temps et d'explication, d'un rythme pédagogique qui lui soit moins défavorable. D'ailleurs, Cheikne aurait eu besoin avant tout qu'on lui ré-explique l'exercice, qu'il n'a pas compris, ce qu'il me confirma quand je lui posai la question (comme d'autres à l'atelier). Plus souvent, Jeanne abandonne l'aide (rapide) envers Cheikne. Cette scène est la suite de la précédente :

> Elle retourne à Cheikne (…) "Tu le mélanges tous les types d'écriture." [sic] Il ne peut pas comprendre ça. "Y'a des mots pas à toi" [des étiquettes ont été mélangées]. Elle lui montre la première lettre, lui demande quelle elle est … il ne sait pas… elle dit que de toute façon, il lui manqué des mots. "Ils sont où les mots ?" Quelqu'un d'autre arrive, elle commente un peu son travail. Elle ne reviendra pas à Cheikne. Un peu plus tard, je lui entends dire d'aller jouer. J'ai cru ressentir une sorte de conscience [de la part de la maîtresse] qu'il n'y arriverait pas. Le prétexte de se centrer sur le fait qu'il manque des mots donne une contenance, mais c'est comme une fuite de [la situation] à laquelle elle est confrontée. (Jeanne, 21.11.2011)

Ici encore, Jeanne propose une aide qui n'aide pas et qui présuppose des compétences que Cheikne n'a pas encore construites : au cours de ce moment d'aide, elle lui demande le nom des lettres, ce que cet élève ignore. Elle comptait s'appuyer sur cette réponse pour ensuite chercher la même lettre dans une autre écriture. Mais comme il ne sait pas cela, la maîtresse est confrontée à une situation gênante : il n'a pas le niveau pour faire cet exercice. Elle « s'en sort » en disant que de toute façon, des étiquettes sont perdues. Peu après, elle lui dit d'aller jouer, c'est-à-dire d'abandonner, reconnaissant implicitement que l'exercice n'est pas pour lui. Comme pour Romane, dans la classe de Violette, il faudrait ici « trois quarts d'heure » pour que l'aide à Cheikne s'avère pertinente. Or, étant donné le système des ateliers (quatre groupes ayant un « travail » à faire, c'est-à-dire l'ensemble de la classe confronté à un « travail »), la maîtresse n'a pas ce temps. Il faudrait surtout que le niveau attendu soit moins élevé : Cheikne est bien loin des attentes de la maîtresse (et des programmes de fin de grande section).

Jeanne s'avère davantage encline à aider les enfants moins en difficulté, moins éloignés de la marche de la classe (comme Violette). De là, la classe donne souvent l'impression de fonctionner à partir des élèves qui comprennent, notamment lors des regroupements. « Au coin regroupement, elle va vite, et fonctionne sur les élèves qui savent.» (Jeanne, 08.11.2011). Dans ces conditions, Cheikne a souvent envie d'aller jouer aux coins-jeux, ces espaces à la marge de la classe, où il n'est pas confronté à des situations où il n'a pas sa place. « Cheikne est pressé d'aller jouer au coin poupée. » (Jeanne, 06.12.2011). Jeanne, dans le passage précédent, l'invite à y aller : elle signifie alors son désir de l'écarter de la marche de la classe. D'autres fois, elle est ennuyée par le fait qu'il veuille arrêter les activités aux ateliers.

Plutôt que reconnaître l'inadéquation problématique entre l'activité et l'enfant, Jeanne préfère défendre l'idée selon laquelle la persévérance de l'enfant pourrait venir à bout de la distance entre son niveau et le niveau exigé. L'enfant se voit alors responsabilisé dans son échec, ce qui préserve les fonctionnements fondamentaux de la classe. Ces logiques de responsabilisation se retrouvent dans certains livrets scolaires.

> Livret 1. Moussa a su trouver sa place au sein de la classe et il est bien entré dans les apprentissages de Petite Section. (…) Toutefois, il éprouve encore de grosses difficultés à respecter les règles de la classe et doit faire des efforts pour améliorer son comportement.
> Livret 2. Saïdi a su trouver sa place au sein de la classe et comprend bien les consignes. (…) Il doit fournir quelques efforts pour respecter davantage les règles de vie[70].

L'enfant serait acteur de sa réussite scolaire, comme du reste du maintien de sa propre propreté (chapitre précédent). Cet enfant responsabilisé évoque le sujet contemporain, obligé à prendre en charge sa construction de soi, par l'épreuve et la responsabilité de sa propre individualisation.

Conclusion du chapitre 5

Des quartiers privilégiés aux établissements d'éducation prioritaire (certes avec des attentes différentes), de la grande section à la petite section, on trouve très souvent des fonctionnements pédagogiques propices à faire progresser les élèves moyens et bons, plutôt que les plus faibles. Dès lors, il est très vraisemblable que ces fonctionnements soient favorables aux élèves qui, selon le contexte, possèdent le plus de dispositions scolaires, développées dans leur milieu d'origine, par les loisirs, un certain usage d'une culture matérielle (Vincent, 2000), etc. Généralisé, et il semble bien l'être, ce type de fonctionnement ne peut qu'avoir pour conséquence non seulement de ne pas réduire les inégalités initiales, mais bien de les accentuer, permettant aux enfants les plus dotés scolairement par leur milieu d'origine de développer de nouveaux savoirs et savoir-être scolaires. Tels qu'ils sont mis en œuvre, les « ateliers » sont souvent le dispositif par excellence qui va de pair avec de telles logiques, s'appuyant par définition sur une forte autonomie (attendue) des enfants, et inégalement répartie. Le premier chapitre a montré un contexte de forte exigence de rentabilité scolaire. Pourtant, nous voyons ici que cette recherche de performance

---

[70] Extraits de deux livrets scolaires de la classe d'Aude.

s'accompagne étrangement de logiques de mises à l'écart des plus faibles, auprès desquels la recherche de performance s'avère en réalité toute relative. Il est particulièrement frappant de constater que de nombreuses/eux professeur(e)s des écoles déploient une énergie considérable, proches de l'épuisement professionnel (Dominique par exemple), mais sans la diriger vers les élèves plus faibles.

Chapitre 6 : Perspectives récentes :
« bien-être » et pédagogies alternatives

Il convient dans ce dernier chapitre de nous pencher sur les évolutions les plus récentes de l'école maternelle. Tant au niveau du curriculum formel qu'au niveau des pratiques, des bougés sont apparus dans les dernières années. Des thématiques ont le vent en poupe, y compris dans les textes officiels : « bienveillance », « bien-être », « émotions », etc. Sur le terrain, de nombreux professeur(e)s des écoles s'enthousiasment pour de nouvelles pratiques : « méditation », relaxation, yoga, ou encore pédagogie « Montessori ». Nous nous permettons de rassembler l'ensemble de ces tendances malgré leur hétérogénéité, dans une certaine continuité avec Wagnon (2018). Un des axes problématiques centraux de ce chapitre sera d'étudier si ces nouvelles tendances pédagogiques remettent en cause ou non les caractéristiques principales du contexte socialisateur qu'est l'école maternelle, telles qu'elles ont été élaborées conceptuellement dans les chapitres précédents. *Quid* de la recherche d'un enfant précocement élève au sein de ces pédagogies, dans ce que cela induit au niveau des *hexis* corporelles et comportementales (chapitres 2), mais aussi au niveau du travail émotionnel (chapitre 4) ? *Quid* aussi des processus de différenciation (chapitre 5) ? Nous ne sommes pas en mesure d'embrasser l'ensemble de ces tendances actuelles. Elles seront étudiées par deux entrées uniquement. Une première partie sera vouée à une analyse du « retour » récent d'éléments psycho-affectifs dans les programmes de maternelle. Il s'agira en particulier d'étudier ses rapports avec la définition scolaire de l'enfant, dont nous avons étudié la croissance prescriptive dans le premier chapitre. Une deuxième partie sera vouée à l'analyse des nouvelles pratiques d'inspiration montessorienne, qui prospèrent en maternelle. Nous mobilisons alors tout particulièrement l'enquête 2017–2018.

1. Relatif retour prescriptif des approches psycho-affectives et de l'éducation nouvelle

Le premier chapitre, voué à une analyse de l'évolution du curriculum formel, s'est arrêté en 2008. Les programmes de 2015 mettent en œuvre un certain retour de thématiques qui avaient perdu progressivement en influence au cours des dernières décennies. Il s'agit des thématiques psycho-affectives mais aussi des références à l'éducation nouvelle. Nous cherchons dans cette partie à expliquer ce retour mais aussi ses limites. Pour cela, nous retracerons méticuleusement la genèse de ces programmes, ce qui est nécessaire pour interpréter ce retour de légitimité des thématiques ici évoquées.

Ces inflexions prescriptives se mettent en réalité en œuvre dès 2012. Un rapport de l'Inspection générale, tenu secret sous la présidence de Nicolas Sarkozy et rendu publique sous la nouvelle présidence de François Hollande, affirme pour la première fois que les orientations de l'école maternelle des dernières décennies ont eu pour conséquence l'émergence de certaines pratiques pédagogiques critiquables. Avec ce rapport, émerge un nouveau discours institutionnel, critique de la « primarisation » (IGEN & IGAENR, 2011, pp. 62, 124, 181) de l'école maternelle. À la suite de ce rapport, un premier projet de nouveaux programmes est élaboré, sous la forme de deux textes (CSP[71], 2014a ; 2014b). Ce projet fut soumis à l'examen des enseignant(e)s. Une synthèse de cet examen a été faite (MENESR[72], 2014), puis une version définitive des programmes, prenant en compte en partie les remarques des enseignant(e)s a été réalisée et est entrée en vigueur à la rentrée 2015 (MENESR, 2015)[73]. Etudions ces textes un par un.

Un rapport critiquant la « primarisation » de l'école maternelle (2011)

Le rapport *L'école maternelle* porte certaines affirmations relativement nouvelles sur l'état de l'école maternelle française, par rapport aux programmes antérieurs (chapitre 1). Elle « n'a cessé de se "primariser" »

---

[71] CSP : Conseil Supérieur des Programmes.
[72] MENESR : Ministère de l'éducation nationale, de l'enseignement supérieur et de la recherche.
[73] Nous nous appuierons ici sur certains résultats de l'article : (Leroy, 2017e).

Relatif retour prescriptif des approches

(IGEN & IGAENR, 2011, p. 13), de sorte que « la France qui a pu faire figure de précurseur dans le domaine de l'éducation et de l'accueil des tout jeunes enfants a été rejointe, voire dépassée. » (IGEN & IGAENR, 2011, p. 36). Cette « primarisation[74] » consisterait d'abord en une sur-représentation des activités symboles de l'école (lecture, écriture, mathématiques). La « primarisation » est également associée au développement d'activités donnant l'apparence de l'école (notamment : accumulation de traces[75]) mais dont l'intérêt réel ferait question. Dans la continuité des travaux de Christophe Joigneaux, qui est cité (p. 155, note 141), le rapport critique en particulier les « *fiches photocopiées* » (pp. 115, 117). Le texte appelle à un retour de la recherche, de la « *manipulation* » (p. 118), ainsi que du jeu, reprenant des argumentaires traditionnels de l'éducation nouvelle. Le rapport valorise même parfois le jeu libre (p. 101), par la reprise du thème de l'apprentissage informel, emprunté à la recherche (Brougère, 2002a ; Brougère & Bézille, 2007). Affirmer que l'on apprend également dans des situations sans consigne et non orientées par l'enseignant(e) est rare dans l'histoire des textes institutionnels de l'école maternelle française. Enfin, des passages valorisent une approche de l'enfant de nature psycho-affective.

> Au contraire, l'étude comparative des systèmes d'éducation et d'accueil des jeunes enfants de l'OCDE qui a débouché sur la publication en 2007 de l'ouvrage *Petite enfance, grands défis* alertait sur la nature inadaptée et la précocité de certaines exigences auxquelles sont soumis les enfants fréquentant l'école maternelle française, sans que le souci de leur bien-être soit assez pris en compte. (IGEN & IGAENR, 2011, p. 12).

---

[74] Pour autant, le concept de « primarisation » renvoie étrangement à la notion d'école primaire. Or l'école maternelle relève bien de l'école primaire, qui est divisée entre école maternelle et école élémentaire. Ainsi, que l'école maternelle soit « primaire » n'est *a priori* pas une anomalie. Fût-il un concept officiel, ce terme porte étrangement en creux une vision caricaturale de l'école primaire (en fait élémentaire) : on l'associe aux fiches, à la faible place des activités artistiques et à l'absence de jeu, ce qui ne va pas de soi.

[75] « La logique de valorisation des traces n'est en effet pas sans lien avec la conception des apprentissages et des activités à l'école maternelle. Faut-il se laisser imposer une forme pédagogique sous prétexte de témoigner que l'école fait son travail d'école ? » (IGEN & IGAENR, 2011, p. 117)

De même, des exemples tirés de systèmes préscolaires moins scolaires que l'école maternelle sont valorisés, ainsi du Danemark (p. 82). Dans ce pays, quand l'enfant quitte le jardin d'enfant pour aller à l'école, est constituée une sorte de malle au trésor censé représenter ce qu'il est : chansons apprises au jardin d'enfants, dessin de l'école de ses rêves, de sa famille, ruban ayant servi à la mesure de sa taille, etc. L'existence même de cette malle montre un souhait de valorisation affective de la personne qu'est chaque enfant, qui semble ici prise pour modèle.

Pourtant, de façon globale, la représentation scolaire de l'enfant conserve une forte importance dans ce texte, de sorte qu'il ne rompt pas avec le mouvement amorcé depuis 1986. Sont évoqués un certain nombre de dispositifs ou pratiques directement liés à l'affirmation de cette représentation de l'enfant durant les décennies 1980–2010 : progressions, programmations, évaluations, etc. On évoque aussi les « performances des élèves » (p. 111) ou l'importance de « devenir élève ». Du côté des thématiques psycho-affectives, des passages sont ambigus, montrant bien qu'il ne s'agit pas d'un renversement de balancier.

> L'approche uniquement positive tout au long du cursus de la maternelle peut être un leurre pour les parents et une impasse qui pénalise certains enfants qui ne perçoivent pas les perspectives vers lesquelles on veut les conduire. (p. 112)

« Vers lesquelles on veut les conduire » : nous sommes donc loin d'un retour à la non-directivité propre aux instructions de 1977. Mêmes ambiguïtés du côté de l'éducation nouvelle :

> La place du jeu à l'école maternelle mérite une revalorisation mais ce ne peut être sans approfondissement de la question sur un plan pédagogique. *Cette revalorisation n'a pas pour visée de promouvoir le plaisir considéré dans son opposition au sérieux voire à l'ennui ou à l'aspect rébarbatif du « travail » dont les jeunes enfants devraient être préservés* [nous soulignons] : le plaisir pour l'enfant peut naître des défis que lui opposent des activités stimulantes (il se sent traité comme un grand), de la prise de conscience qu'il sait plus ou sait faire plus et / ou mieux qu'auparavant. (p.119)

Il est dit ici explicitement que le retour au jeu n'est pas justifié par une recherche du plaisir de l'enfant, ou pour contrecarrer l'ennui potentiel des exercices scolaires traditionnels ; ce passage est donc au rebours total des valeurs l'éducation nouvelle.

Un projet de programmes en partie « déscolarisant » (CSP, 2014a ; 2014b) ?

Un projet de nouveaux programmes sort en 2014 (CSP, 2014a ; CSP, 2014b), qui fut proposé aux enseignant(e)s pour examen. Une forme d'affirmation des thématiques psycho-affectives et de l'éducation nouvelle se prolonge.

La nécessité de prendre en compte le bien-être affectif de l'enfant est fortement revendiquée et ce, dans plusieurs passages du texte. Est évoquée l'importance de créer un « cadre sécurisant » (CSP, 2014b, p. 4), de favoriser « le bien-être des enfants ». Des titres de paragraphes assignent sans ambiguïtés à l'école maternelle ce type d'objectifs : « être accueilli dans une école et dans une classe » ; « une école qui accompagne les transitions vécues par l'enfant » (p. 5). Ces paragraphes, fournis, expliquent que parents et enseignant(e)s doivent être des collaborateurs au service du bien-être de l'enfant, que les séparations doivent être envisagées avec tact, que l'aménagement de la classe doit être au service du bien-être psycho-affectif. Un certain retour des pédagogies de l'éducation nouvelle se met également en œuvre, appliquant les prescriptions du rapport de 2011. Un paragraphe entier se nomme : « les projets » (p. 21). Un autre : « apprendre en jouant ». Le projet de programme invite même les maître(sse)s à participer à un jeu initié par les enfants et à s'ouvrir à l'imprévu, en continuité avec le rapport de l'Inspection générale.

Parfois, la représentation scolaire de l'enfant s'avère relativisée. Ceci est particulièrement vrai dans la première partie de ce texte, livrant les orientations générales. De même, le domaine « devenir élève » (présent dans les instructions de 2008) disparaît. Pour autant, comme souvent, des tensions se font jour entre les parties « généralités » et les parties décrivant plus précisément les attendus en matière d'apprentissages. La préparation à l'école élémentaire reste de fait l'objectif sous-jacent de nombreux attendus de fin de maternelle. Les mathématiques sont désormais traitées comme un secteur en soi (alors qu'elles étaient jadis rattachées au domaine « découverte du monde ») et occasionnent d'importants développements. De fortes ambitions dans le domaine de la lecture sont proposées. De même, on propose que l'écriture cursive soit désormais abordée dès la moyenne section (dans les faits, l'usage était plutôt de le faire en grande section). Enfin, si le domaine « devenir élève » a été supprimé, on lit néanmoins au détour d'un paragraphe : « [l'école maternelle] initie ainsi la construction progressive d'une posture d'élève » (CSP, 2014b, p. 12).

Les enseignant(e)s face au projet de programme

Le projet de programme de 2014 a été soumis aux enseignant(e)s. Une synthèse de leurs remarques a été faite (MENESR, 2014) et de nouveaux programmes, prenant en compte leurs remarques, sont sortis. D'intéressantes nuances existent entre le projet initial et ces nouveaux programmes (entrés en vigueur à la rentrée 2015).

À en croire le document de synthèse des remarques des enseignant(e)s[76], le projet global de nouveaux programmes a été massivement apprécié.

> La prise en compte de l'enfant dans sa globalité, de son développement et de ses besoins est saluée. Les personnels ont été sensibles à certains termes (bienveillant, sécurisant) et verbes récurrents (s'exprimer, comprendre). (MENESR, 2014, p. 5)

En outre, les enseignant(e)s apprécieraient également la réaffirmation de la place du jeu. Pourtant, dans le détail, les choses sont plus complexes. Si les enseignant(e)s ont parfois mis le doigt sur certaines ambitions jugées démesurées du projet de programme (autour de l'initiation à l'écriture notamment), ils se font souvent les défenseurs de la représentation scolaire de l'enfant. La thématique de la collaboration parents / enseignant(e)s n'est pas accueillie avec enthousiasme : ils craignent une ingérence des parents (MENESR, 2014, p. 12). En fait, les enseignant(e)s semblent ici défendre leurs prérogatives d'enseignant(e)s et la relation aux parents afférente, tandis que le projet de programmes proposait de s'inspirer d'une relation parent / éducateur telle qu'elle peut être valorisée dans certaines institutions préscolaires (halte-garderie, crèches). Il leur semble plus important d'insister sur « l'assiduité scolaire » (p. 13). Autre fait significatif, l'expression « apprendre ensemble pour vivre ensemble » (c'était le nom donné au premier domaine de l'école maternelle, qui considère les apprentissages comme un moyen et non une fin), qui traduisait une relativisation des visées scolaires dans le projet de programme, est critiquée. Certain(e)s enseignant(e)s proposent de façon significative : « vivre ensemble pour

---

[76] Les maîtres(se)s se sont réuni(e)s dans les écoles pour donner leurs avis sur les nouveaux programmes, à partir d'un questionnaire fourni. Mais ce sont les inspecteurs de circonscription qui ont synthétisé ces documents avec les conseillers pédagogiques de circonscription. Ensuite, dans chaque département, des inspecteurs ont synthétisé les résultats. On peut faire l'hypothèse que ces moments de synthèse ont peut-être aussi été parfois des moments de reformulations.

apprendre ensemble » (p. 15). Concernant les pédagogies de l'éducation nouvelle, si les maître(sse)s saluent le retour du « jeu », dans le détail, des points de tensions apparaissent tout autant. La synthèse mentionne certaines opinions exprimées par les enseignant(e)s : « "le ludique ne conduit pas nécessairement à l'appropriation des comportements scolaires…" » (p. 19) ; « Les enseignants signalent parfois le risque d'un effet de balancier qui pourrait s'inverser et développer la tentation du "tout jeu" au détriment d'apprentissages plus structurés » (p. 20). Plus généralement, les enseignant(e)s attendent des instructions bien plus précises d'apprentissages à effectuer.

> Il est mis en avant « un déséquilibre entre les missions de l'école maternelle (partie plus longue) et les compétences à faire acquérir (partie qui impacte plus directement la préparation de l'enseignement) qui auraient besoin d'être plus concrètes » (p. 7)

De même, les enseignant(e)s s'interrogent sur l'absence des « compétences » et souhaitent des « récapitulatifs pour chaque niveau et domaine ». Une impression de malentendu émerge parfois à la lecture :

> Une inspectrice chargée de la mission maternelle académique explique que les enseignants consultés « manifestent sans ambiguïté que le projet ne les aide pas suffisamment dans leur travail de conception de la progression des apprentissages et ne leur permet pas explicitement de mettre en œuvre les enseignements[77] » » (p. 24)

Ainsi, les enseignant(e)s critiquent certes la « primarisation » mais sont également attachés à l'importance de la représentation scolaire de l'enfant et de l'école maternelle.

Les programmes de 2015

À la suite de la consultation des enseignant(e)s, de nouveaux programmes ont donc été rédigés. Le texte définitif reprend le texte du projet de programme (CSP, 2014a) mais en modifiant ici et là certains passages, en enlevant d'autres ou en rajoutant (certains changent aussi de place). Il est donc intéressant de comparer les textes pour voir les évolutions. La synthèse des avis des enseignant(e)s a indiscutablement été prise en compte, mais on ne peut exclure que d'autres raisons aient joué

---

[77] Peut-être est-ce également l'opinion de cette inspectrice, qu'elle fait valoir.

dans la remise en cause partielle du projet de programmes[78]. L'Inspection générale peut intervenir dans le cadre de ce genre de processus.

Globalement, si les thématiques psycho-affectives ou liées à l'éducation nouvelle conservent une certaine importance, c'est d'une manière plus réduite et plus tiède que dans le projet de nouveau programme. Du côté des thématiques psycho-affectives, on lit toujours que l'école maternelle doit être « bienveillante » (MENESR, 2015, p. 2), qu'elle doit manifester sa « confiance auprès de chaque enfant ». Pourtant, des nuances apparaissent, à la lecture attentive. Dans le paragraphe « une école qui accueille les parents et les enfants », la notion de collaboration pour le bien-être de l'enfant entre les parents et les enseignant(e)s disparaît (elle avait été critiquée dans la synthèse), ainsi que la phrase : « Les enseignantes et les enseignants écoutent chacune d'entre elles [les familles] » (p. 3). Les réserves des enseignant(e)s ont été prises en compte. La baisse d'importance de l'approche psycho-affective se lit aussi dans les modifications du paragraphe nommé : « une école qui accompagne les transitions vécues par les enfants ». Dans le projet de programme de 2014, était fortement valorisée la collaboration avec les autres institutions de la petite enfance : on y parlait même de « synergies » (CSP, 2014a, p. 3). Dans les programmes de 2015, l'idée d'une collaboration entre l'école maternelle et les autres institutions préscolaires est revue à la baisse (le mot « synergie » a été ôté), tandis que gagne nettement en importance la question des liens entre maternelle et élémentaire (ici aussi, à la suite des remarques des enseignant(e)s).

---

[78] Par exemple, il a été jugé bon de ne plus mentionner dès le premier paragraphe des programmes la question de la lutte contre les inégalités filles / garçons. Ceci peut être mis en lien avec les polémiques récurrentes en 2014 autour de la supposée « théorie du genre ». Il semble que les rédacteurs, pour éviter toute polémique, aient jugé bon de « caviarder » le texte initial. Ceci prouve que des éléments autres que la synthèse des remarques des enseignant(e)s peuvent jouer en faveur de modifications d'un projet de programmes.

Tableau n° 10 : La question des rapports entre école maternelle et élémentaire : réécriture du passage entre le projet de programmes de 2014 et les programmes de 2015

L'articulation entre l'école maternelle et l'école élémentaire est structurée par le projet de chacune des différentes écoles. Elle ne concerne pas uniquement les enseignants de grande section et du cours préparatoire. Les équipes pédagogiques établissent un dialogue pour mettre en œuvre une véritable continuité des apprentissages, un suivi individuel des enfants et un accompagnement des familles. La prise en compte par l'école élémentaire des expériences et des acquisitions des enfants en fin de cycle est indispensable pour éviter une rupture particulièrement préjudiciable aux enfants qui ont besoin de davantage de temps, notamment ceux nés en fin d'année ou ceux dont la scolarisation a été irrégulière. (CSP, 2014a, p. 4)	[L'école maternelle] travaille en concertation avec l'école élémentaire, plus particulièrement avec le cycle 2, pour mettre en œuvre une véritable continuité des apprentissages, un suivi individuel des enfants. Elle s'appuie sur le Rased (…) pour comprendre des comportements ou une absence de progrès et mieux aider les enfants dans ces situations. (MENESR, 2015, p. 3)

Les programmes de 2015 mettent fin à certaines thématiques du projet de programme sur les rapports maternelle / élémentaire, en particulier l'association des familles à ces transitions et l'idée que cette continuité n'est pas qu'une continuité d'acquisitions mais aussi d'expériences (tableau n°10) qui doit mobiliser une logique de *care* des professionnel(le)s.

Du côté de l'éducation nouvelle, le passage du projet de programmes aux programmes passe aussi par des remises en cause. On retrouve certes une certaine valorisation du jeu. Mais des inflexions se font sentir. L'idée que l'enseignant(e) pourrait s'intégrer à un jeu initié par un enfant disparaît, de même que l'idée de « s'ouvrir à l'imprévu » (CSP, 2014a, p. 5). La notion de « projets » (liée à la pédagogie de projet) apparaissait surtout dans le deuxième document soumis à l'examen des enseignant(e)s, la version longue du projet de programmes de 2014 (70 pages) (CSP, 2014b) : les programmes de 2015 étant sur le modèle du premier document soumis à l'examen des enseignant(e)s (autour de 20 pages), il fait aussi disparaître des thèmes qui étaient développés dans le long document du projet de programme.

Enfin, par rapport au projet de programmes, une réaffirmation de la représentation scolaire se met en œuvre. Le premier domaine n'est plus

« apprendre ensemble pour vivre ensemble » mais « mobiliser le langage dans toutes ses dimensions » (langage oral et écrit), dans la continuité des programmes précédents. La phonologie reprend en outre de l'importance comme le graphisme par rapport au projet de programmes.

Que retenir de l'ensemble de ce parcours ? Il nous paraît que le « retour » des thématiques psycho-affectives et liées à l'éducation nouvelle n'est pas allé de pair avec un déboulonnage de la représentation scolaire de l'enfant, qui s'est affirmée durant la période 1986-2008. En premier lieu, ceci doit être pensé dans le cadre d'une analyse relevant de la sociologie du curriculum. Ce parcours a permis de mettre en lumière une série d'acteurs sociaux qui étaient profondément attachés à cette représentation, prêts à la défendre et en particulier les enseignant(e)s. Nous retrouvons ici la pensée de Musgrove. Forquin la commente :

> ... il faut voir les matières scolaires non seulement comme des systèmes intellectuels, mais encore comme des systèmes sociaux, des communautés sociales qui définissent et défendent des frontières, exigent fidélité de la part de leurs membres et leur confèrent un sentiment d'identité. On « est » « philosophe » *ou* « littéraire », mathématicien *ou* physicien, historien, *ou* sociologue, et tout ce qui suppose de nouveaux regroupements, de nouveaux découpages de savoirs (par exemple les « études sociales », l'écologie, la technologie dans l'enseignement secondaire) est perçu comme une menace pour l'identité intellectuelle et sociale, une déstabilisation de rôles longuement et péniblement intériorisés au cours des années d'études, et peut même être ressenti, comme le dira Bernstein en référence aux travaux ethnologiques de Mary Douglas, comme une souillure, l'atteinte portée à un ordre sacré. (Forquin, 1984, p. 217).

Le Ministère et certains de ses organes (Inspection générale) semblent aussi avoir joué un rôle conservateur, tempérant les velléités réformatrices et garantissant le maintien des objectifs scolaires. À l'heure actuelle, il ne semble pas y avoir de groupes sociaux ayant les moyens de retourner la domination de la représentation scolaire de l'enfant (nous nous référons ici aux travaux d'Eggleston, voir Forquin, 1984, p. 219). Nous proposerons quelques développements supplémentaires sur cette question des groupes sociaux qui défendent les orientations actuelles de l'école maternelle (dont certains parents) en conclusion générale.

En second lieu, il y a à s'interroger sur le fait que cohabitent donc *in fine* représentations scolaire et « bienveillante » de l'enfant, pour ainsi dire en bonne intelligence. Cette logique « dialectique » entre ces deux thématiques pourrait porter l'idée que la logique bienveillante s'inscrit en plus, dans le cadre de certaines activités, mais sans interroger ni modifier le fonctionnement ordinaire de la classe et ses possibles sources de mal-être. Si la notion de bienveillance pourrait être un levier pour interroger l'ordinaire de la socialisation enfantine à l'école maternelle, le fait que l'on interdise *ipso facto* qu'elle questionne ou tempère les objectifs et représentations scolaires, risque d'affadir fortement les potentialités de transformation que la notion porte en elle. Quoiqu'il en soit, et c'est peut-être lié, l'enquête 2017–2018 nous a donné l'impression que le « retour » des thématiques psycho-affectives n'avait pas été retenu comme l'élément principal des programmes de 2015 par les enseignant(e)s, il s'en faut de beaucoup. Bien plus nombreux ont été les enseignant(e)s évoquant les modalités pédagogiques (critique des fiches ; valorisation de la manipulation et du « jeu ») comme thématique principale de ces nouveaux programmes. C'est peut-être aussi que ce « retour » de thématiques psycho-affectives n'a pas été relayé au niveau des formations initiales et surtout continue comme cela nous a semblé être le cas. Sur la question des tendances actuelles autour du « bien-être » à l'école maternelle, la question n'est pas pour autant close, et nous ne pouvons ici qu'inviter à la poursuite de travaux, notamment empiriques, autour des notions et pratiques qui lui sont connexes. Nous pensons en particulier au développement récent de pratiques nouvelles de méditation, respiration, yoga ou gestion des émotions à l'école maternelle (enquête 2017–2018). Ces nouvelles pratiques s'appuient parfois sur des ouvrages relativement grand public qui sont également à destination des familles (Snel, 2017).

2. Les pratiques d'inspiration montessorienne

Présentation et problématisation

Il est dorénavant identifié que de nouvelles pratiques d'inspiration montessorienne se sont implantées à l'école maternelle durant la décennie 2010, avec un succès croissant, même si elles touchent un nombre de classes qui reste largement minoritaire. Comme Bongrand le dit du *homeschooling*[79], nous considérons que cette faible importance globale, ne

---

[79] Nous faisons ici référence à une recherche ANR (Agence nationale de la recherche) en cours : SociogrIEF (ANR-18-C28-0014) et qui n'a pas encore donné lieu à publication. Si l'instruction en famille ne représente que 0,36 % de la population, son augmentation récente (même mesurée) semble heuristique et mériter analyse sociologique.

doit pas nous faire négliger ce fait social et la dimension heuristique de son interprétation.

Globalement, ces pédagogies consistent à mettre à disposition des enfants un certain nombre d'activités. Durant des temps plus ou moins longs, les enfants se saisissent de ces dernières, selon leur choix (parfois le panel est en partie défini par l'enseignant(e)), et s'y adonnent, avant de les replacer et d'en saisir d'autres. Il y a là une certaine continuité avec la méthode prônée par Maria Montessori (Poussin, 2017). Il a été montré qu'il existe toute une palette d'engagements montessoriens possibles (Leroy & Lescouarch, 2019). Chez les plus engagé(e)s, ces plages d'activité montessoriennes occupent une grande partie du temps de la classe. L'ensemble de la classe a alors été aménagé pour cela, avec un grand espace central, et des activités à disposition autour, sur des meubles bas.

Illustration n° 14: aménagement de classe d'inspiration montessorienne

Il y a là une profonde rupture avec le système des ateliers (chapitre 2) – ils ne sont plus alors mis en œuvre – et l'organisation spatiale qu'il suppose (illustration n° 3). Dans l'enquête 2011–2013, aucune classe n'était organisée ainsi, ce qui semble indiquer que ce type de pratiques s'est diffusé ensuite, du moins à Paris. Un engagement montessorien plus faible consiste à ne pas remettre en cause le système des ateliers. Il y a alors des moments montessoriens plus ou moins brefs, bien plus courts que chez les plus engagé(e)s, par exemple lors de l'accueil (une demi-heure) ou à certains moments de la semaine. Ou encore les moments montessoriens s'effectuent pour un des quatre groupes, lors du moment des « ateliers ». Entre ces deux

Les pratiques d'inspiration montessorienne 127

engagements « montessoriens », que l'on pourrait qualifier de « fort » et de « faible », on trouve toute une série de déclinaisons. Il existe par exemple des enseignant(e)s « montessoriens » qui rompent avec les ateliers, mais conservent des éléments de la pédagogie antérieure de l'école maternelle. Par exemple, ils conservent un coin regroupement avec des bancs (les plus engagés les enlèvent également pour dégager de l'espace en plus pour les activités « montessoriennes » dont se saisissent les enfants).

Nous souhaitons ici nous pencher tout particulièrement sur les enseignant(e)s qui abandonnent les ateliers traditionnels. Même s'ils sont semblent-ils minoritaires (Huard, 2018), ils nous paraissent les plus intéressants à étudier, car, pour les autres classes, leur pédagogie s'apparente globalement à ce qui a déjà été décrit dans le deuxième chapitre, avec juste quelques très brefs moments d'inspiration montessorienne. Pour les enseignant(e)s qui abandonnent les ateliers pour des plages d'activités montessorienne, il y a en revanche une réelle rupture pédagogique. Les ateliers supposaient que, dans la semaine, l'ensemble des élèves aient fait les mêmes choses, en étant passés aux quatre ateliers. Avec les plages d'activités d'inspiration montessorienne, chaque élève suit un parcours d'apprentissage différent, en partie lié à ses choix, dans une certaine conformité avec la pensée pédagogique de Maria Montessori. Le rôle de l'enseignant(e) est du même coup redéfini. Elle/il n'a plus à gérer le fonctionnement des ateliers c'est-à-dire à mettre les différents groupes en activité, étayer autant que faire se peut (plutôt les élèves rencontrant des difficultés moyennes, cf. chapitre 5), valider et évaluer les travaux réalisés souvent en autonomie. Dorénavant, elle/il est potentiellement partagé(e) entre deux types d'activités : effectuer des présentations d'activité (pour que l'enfant puisse ensuite la réaliser correctement) et étayer certains élèves (souvent dans une relation individuelle, ou en tout petit groupe) tandis que tous les autres s'adonnent « en autonomie » aux activités qu'ils choisissent. Les enfants sont censés, de façon autonome, apprendre en réalisant une série d'activités, les uns après les autres, dans une relative indépendance vis-à-vis de l'enseignant(e).

Appuyons-nous sur Huard (2018) pour étudier les motivations de ces enseignant(e)s. Le respect des rythmes de l'enfant et le souhait de répondre à des profils hétérogènes apparaissent en premier. La recherche d'autonomie, la possibilité de mettre en œuvre une différenciation pédagogique, sont également abondamment évoquées. En creux, de profondes insatisfactions sur la pédagogie habituelle de l'école maternelle s'expriment :

Les enseignants interrogés sont à 90 % peu satisfaits (44 % ne le sont pas ou pas du tout) de leurs pratiques pédagogiques avant la mise en place de la pédagogie Montessori. (Huard, 2018).

En somme, il pourrait y avoir des convergences entre les conclusions présentées dans le chapitre 5 et le sentiment des enseignant(e)s : impression d'un hiatus entre les injonctions d'autonomie et l'autonomie réelle, élèves en marge du fonctionnement des « ateliers », rythme commun qui n'est pas favorable à tous. Il nous reste à nous demander si les pratiques alternatives qu'elles/ils mettent en œuvre amènent des solutions à ces questions réelles. Nous souhaitons donc reprendre l'analyse du chapitre 5, sur la question de la mise à l'écart des plus faibles, pour l'appliquer aux pédagogies d'inspiration montessorienne. Ces nouvelles pratiques paraissent-elles plus pertinentes pour les élèves les plus faibles ? Nous rendrons compte de deux séries d'observations, dans des classes ayant renoncé aux ateliers, au profit de plages d'activité d'inspiration montessorienne. Deux maîtresses seront particulièrement évoquées : Géraldine, maîtresse ayant effectué une rupture très importante avec la pédagogie « habituelle » de l'école maternelle (qu'elle a pratiquée pendant presque 20 ans), et Mathilde, qui a un fonctionnement plus hybride, quoique tout de même sans ateliers[80].

Montessorisme, inégalités socio-scolaires et élitisme

Fort engagement montessorien de Géraldine et renforcement des inégalités

Ce que nous appelons « fort engagement montessorien » chez Géraldine va de pair avec d'importants renouvellements de pratiques : plus d'ateliers, renouvellement de l'ensemble du matériel au profit d'un matériel exclusivement montessorien (labélisé) et organisation spatiale de la classe totalement montessorienne (plus de bancs pour un regroupement, suppression progressive des coins-jeux), plages d'activités de plus de 2h30 parfois sans interruption. Cet engagement se situe aussi au niveau personnel, notamment dans une logique d'auto-formation. Cette dernière s'effectue par l'intermédiaire du site de Céline Alvarez, figure centrale, jouant un rôle clé dans l'engouement montessorien actuel (même si elle se défend d'être simplement une défenseure de la pédagogie de Maria Montessori). Géraldine a l'habitude de se lever plus tôt pour pouvoir

---

[80] Nous reprenons ici des éléments de l'article : (Leroy, soumis).

Les pratiques d'inspiration montessorienne 129

visionner ses vidéos avant la classe. Sa pratique relève d'ailleurs d'une adhésion presque dogmatique envers Céline Alvarez. Elle ne s'autorise quasiment pas d'aménagement, souhaitant appliquer ses préceptes à la lettre. En creux, une très forte défiance vis-à-vis des pratiques de l'école maternelle prescrites par l'Éducation nationale.

> Je constate de plus en plus qu'elle adhère en bloc à la pensée d'Alvarez. Très peu de marges de manœuvre par rapport à ce qui est expliqué sur son site. Un rapport fidèle au sens de la foi. Logique de défiance, recherche de solution, d'envie d'adhérer, de croire. J'ai bien vu qu'elle n'envisageait pas d'introduire des innovations. Cela n'est pas permis. Car c'est une sorte de doctrine. Pas de syncrétisme possible. (Géraldine, 25.09.17).

Il y a là une certaine rupture par rapport à la tradition de la « pédagogie de l'école maternelle », notion certes fort vague mais qui était liée à un certain syncrétisme pédagogique non dogmatique selon Prost[81]. Notons que même chez Florence (chapitre 3), particulièrement partisane de l'éducation nouvelle, une réflexion personnelle et une indépendance de jugement étaient davantage à l'œuvre. Ici les choses sont d'autant plus surprenantes que Géraldine a une ancienneté de plusieurs décennies dans le métier.

La classe de Géraldine est composée très largement d'élèves issus des catégories supérieures, avec quelques rares élèves de milieu populaire (l'école se situe dans un quartier de Paris fort engagé sur la voie de la gentrification). Nous avons donc suivi deux élèves de petite section, l'une de milieu supérieur (Apolline), l'autre de milieu populaire (Afoussiata), en portant la focale exclusivement sur elles, afin d'amener des éléments qualitatifs à la réflexion sur la question des profits différenciés de cette nouvelle organisation pédagogique. La question est de savoir comment ces deux élèves se comportent lors des plages d'activités montessoriennes.

L'observation centrée sur Apolline a permis de mettre en lumière qu'elle sollicite souvent la maîtresse, pour faire une activité avec elle, faire valider son travail autonome et enfin être approuvée dans sa réussite. Même si la maîtresse est occupée, elle est entreprenante, au point même que l'enseignante lui dise une fois : « Apolline, tu l'empêches de voir ! », au sujet d'un autre élève avec lequel la maîtresse était justement en train d'interagir. Elle n'en apprécie pas moins Apolline, qu'elle juge avantageusement « très demandeuse ».

---

[81] « La pédagogie des maternelles n'est pas facile à cerner : tous les textes sur le sujet soulignent le caractère pragmatique d'une pratique qui se définit par enrichissements successifs et refuse les systématisations dogmatiques » (Prost, 1981, p. 101).

Si Apolline ne dédaigne pas les activités pratiques (exemple : nettoyer les plantes), elle va aussi vers les activités plus intellectuelles, telles que l'atelier d'écriture, qu'elle investit spontanément et régulièrement. Les interactions entre la maîtresse et Apolline sont nombreuses durant les plages d'activités montessoriennes. Apolline est souvent choisie par la maîtresse pour les moments d'apprentissage en interaction seule à seule. C'est qu'elle se réfère à un argumentaire venu de Montessori[82] selon lequel il faut particulièrement aider un enfant qui est dans une « période sensible », c'est-à-dire propice à certains apprentissages, « mûr » en quelque sorte. Ici les « demandes » d'Apolline, en particulier en lecture, sont interprétées comme autant de signes d'une période sensible dans ce domaine, qui justifie un fort soutien adulte. Elle est « prête » à lire : même si elle n'est qu'en petite section et que la lecture a une place modeste, plutôt introductive, dans les programmes de maternelle, la maîtresse juge nécessaire de lui enseigner[83]. À ce titre, elle convoque alors les parents pour lui expliquer ses méthodes de lecture[84]. Ils l'aideront à la maison.

D'un point de vue sociologique, l'ensemble de ce développement amène à questionner le jugement d'inspiration psychologique énoncé par la maîtresse, fortement personnalisant, et qui fait abstraction de la socialisation primaire, notamment familiale, de cette élève. Plusieurs conversations avec les parents d'élèves de l'école, ainsi que la présence à des réunions avec l'enseignante, nous ont permis de mettre au jour un investissement parental très fort dans cette école. La méthode « Montessori » de Géraldine est accueillie très favorablement. Au moins deux mères de la classe de Géraldine ont d'ailleurs acheté du matériel Montessori comme la maîtresse (assez onéreux). Quand je demandai à Paul, lecteur en petite section « si c'était la maîtresse ou les parents qui lui

---

[82] « Maria Montessori considérait que l'enfant, lorsqu'il est respecté, autrement dit accompagné pour subvenir à ses besoins physiques et psychiques, suit des élans vitaux qui le rendent enthousiaste et avide de découvrir. S'il n'est pas continuellement entravé mais accompagné avec bienveillance, il apprend facilement. Dans cette théorisation, il serait naturellement doté d'un "esprit absorbant" qui lui permettrait d'apprendre spontanément, suivant des "périodes sensibles", prédispositions le rendant particulièrement réceptif à ce qui est bon pour lui. Il est ainsi attiré par ce qui, dans son environnement, peut lui permettre de progresser. » (Poussin, 2017, p. 45).

[83] Rappelons ici que la lecture n'existait pas en petite section de maternelle selon le corpus de rapports d'inspection 1965–1970, mais apparaît dans le corpus 2000–2010 (chapitre 2).

[84] « Ils ne sont pas obligés de le faire de leur côté mais certains le font » (Géraldine, 5.10.17).

avait appris, il me répondit : les deux ». Plus généralement, on sait que les socialisations familiales dans les catégories moyennes et supérieures jouent en faveur du développement de dispositions scolaires, par l'usage d'une certaine culture matériel (Vincent, 2000), par les loisirs (Lareau, 2011), ou encore certaines pratiques éducatives que l'on retrouve à l'école, sous des formes proches, ainsi de la lecture par exemple (Bonnéry & Joigneaux 2015). Ces familles jouent du même coup en faveur d'une acculturation au travail des émotions liées à toutes ces pratiques éducatives. Pour toutes ces raisons, il est fort probable qu'Apolline soit particulièrement préparée à tirer un profit scolaire de ces plages d'activité, ce qui pourrait être une piste d'explication de cette aisance (vis-à-vis de la maîtresse) et sa bonne volonté à jouer le rôle d'élève attendu. De plus, nous avons vu que ce type d'élèves plus dotés sont ceux qui sont particulièrement aidés du fait de l'argumentaire des « périodes sensibles ».

À maints égards, le comportement d'Afoussiata fut à l'opposé de celui d'Apolline. Afoussiata est bien moins en connivence avec la maîtresse. Elle est souvent loin d'elle, et ose bien moins la solliciter : « à un moment, elle semble chercher quelque chose mais ne le demande pas. Au demeurant, je n'ai jamais entendu le son de sa voix ». Les rares fois où elle va vers la maîtresse, c'est en chuchotant et avec de grandes précautions. Un autre rapport à la parole adulte et à la « participation » semblent à l'œuvre (Darmon, 2001). Face à la « liberté » de choix d'activité, elle aime particulièrement découper. Elle apprécie plus les coins-jeux qu'Apolline, qui ne les fréquente pas beaucoup. Elle ne va pas vers l'écriture ni les activités de lecture. Certaines activités l'attirent, tels que des fils de laine qu'il faut agencer d'une certaine manière. Mais elle ne suit pas vraiment la consigne, prenant possession du matériel comme elle l'entend, pour jouer (un peu comme Kaïta, chapitre 5). Globalement, elle a un usage moins orthodoxe des activités qu'Apolline. En outre, autre différence majeure, Afoussiata tourne beaucoup en rond durant ces longues plages d'activités montessoriennes. Je note : « elle s'ennuie ». Elle regarde souvent longtemps par la fenêtre, immobile. Elle semble perdue dans cette situation. Apolline n'a pas ces temps de latence. Plusieurs relevés ont permis de montrer que parfois, elle ne réalise qu'une activité durant des plages de deux heures. L'ensemble de ces observations nous amène à faire l'hypothèse de profits différenciés de ces plages d'activité d'inspiration montessorienne. Ne possédant pas les dispositions nécessaires pour en tirer profit, Afoussiata en tirerait un profit limité, renforcé par le fait que l'argumentaire des « périodes sensibles » légitime une certaine attente, qui pourrait renforcer les inégalités initiales. Au sujet de Géraldine, j'écris : « Je suis très intéressé par le fait qu'elle m'évoque la notion d'envie : il faut qu'ils aient envie. Et il ne faut pas forcer s'ils n'ont pas envie ». Ce type d'argumentaire s'applique-t-il aussi aux élèves en situation de handicap ? Deux élèves autistes de la classe de Géraldine se sont aussi avérés bénéficier de très peu d'interactions avec la maîtresse.

> Pendant ce temps, Yoko lave une plante de la classe. Ce n'est pas l'objet de la présente étude mais il faut bien dire que la maîtresse ne s'en occupe pas beaucoup. Elle est souvent sur le carreau, à faire des activités de second rang, voire à végéter. L' « inclusion » ne semble pas à l'œuvre. D'ailleurs, son AVS est parfois mobilisée dans le cadre de la méthode. (Géraldine, 16.11.17).

Concernant la relative distance de la maîtresse face à Afoussiata, indiscutablement bien moins sollicitée qu'Apolline, une autre hypothèse est aussi apparue durant l'observation. Géraldine préférait interagir avec les élèves les plus « intéressés » par les activités qu'elle propose. Sans montrer du doigt cette maîtresse en particulier, c'est un fait, qu'elle reconnaît, que la nouvelle organisation d'inspiration montessorienne est pour elle en partie plus confortable. Il n'y a plus à mettre en œuvre les ateliers, une machine compliquée de l'aveu de toutes/tous les enseignant(e)s. La maîtresse interagit dorénavant avec certains élèves ou de tout petits groupes d'élèves, parfois au gré de ses envies. Même si elle cherche parfois sur un temps déterminé à voir l'ensemble des élèves sur telle ou telle activité, ces prises de distance par rapport au modèle « simultané » (Vincent, 1980) la libèrent. Nous touchons peut-être aussi à un autre élément explicatif : le stress et l'affairement des enseignant(e)s avait été particulièrement palpable dans l'enquête 2009–2013. Ces activités d'inspiration montessorienne leur procurerait peut-être des conditions de travail moins défavorables, mais dont le profit pour les plus faibles fait question.

Montessorisme hybride chez Mathilde et reproduction des inégalités

En suivant Mathilde, nous pénétrons chez une maîtresse différente de Géraldine. Si l'on peut parler d'un engagement montessorien plus modéré, c'est, ici aussi, en croisant plusieurs critères. Si Mathilde ne pratique plus les « ateliers » (au sens du chapitre 2), ce qui la range, selon Huard (2018), parmi les enseignant(e)s assez engagé(e)s dans la pédagogie d'inspiration montessorienne, elle a maintenu des éléments de la pédagogie

« habituelle » des maternelles (telle que décrite dans les chapitres 2 et 3). De là, elle conserve le regroupement, ainsi que des « projets » (plutôt des thèmes en réalité [Leroy, 2017b]), sur les escargots par exemple. Si sa pédagogie est plus hybride, c'est aussi qu'elle s'avère moins formée, ce qui amène à des écarts non négligeables entre sa pratique et la pratique montessorienne « authentique ». Elle utilise un matériel bigarré, fait de jeux montessoriens, mais aussi de jeux habituels des écoles maternelles, qu'elle « recycle » en les mettant à disposition également dans les étagères montessoriennes. Un point clé réside dans le fait qu'elle n'effectue pas de présentation des activités, ce qui est un élément très important de la pédagogie Montessori « orthodoxe » (Leroy & Lescouarch, 2019). Autre entorse importante, il n'y a pas de progressivité : les élèves peuvent se saisir de n'importe quelle activité n'importe quand. Nous reprenons notre questionnement sur les processus de différenciation, en l'appliquant à ce deuxième « modèle ».

Si la maîtresse s'avère peu formée aux canons de la pédagogie Montessori, il en va de même des élèves. Ainsi, souvent, les activités ne sont pas rangées, mais laissées là. Le matériel n'est en outre pas toujours bien traité. Nombreux sont les élèves qui ne finissent pas les activités par envie de changement, ou parce qu'ils rencontrent des difficultés qu'ils ne peuvent résoudre et abandonnent donc. Ceci est renforcé par le fait qu'ils peuvent avoir choisi une activité ne relevant pas de leur zone proximale de développement. Les détournements d'activité sont également nombreux. Notons que chez Géraldine aussi, nous avions constaté des abandons précoces et des détournements d'activité, en nombre loin d'être négligeable.

> J'ai particulièrement observé Calice. À un moment, la maîtresse lui dit d'aller faire quelque chose. Elle restera assez longtemps à cet atelier, mais qui se transformera beaucoup. Avec le crayon qui est censé écrire des lettres ou des motifs graphiques, elle s'amuse avec quelques copains à les maquiller, comme si c'était un crayon à maquillage (sa maman est très maquillée). Tout ceci amusera beaucoup un petit groupe. La maîtresse ne verra rien. Ceci montre peut-être les limites de l' « autonomie » attendue. Vers 10h, la maîtresse verra le cahier de Calice et lui dira quelque chose comme : « oh mais tu aurais dû venir me voir s'il te manquait quelque chose… » Elle n'a pas vu qu'en fait Calice a joué. (Géraldine, 05.10.17)

Chez Mathilde, les détournements sont encore plus importants, devenant presque la règle. La classe est divisée en plusieurs espaces, que la maîtresse ne peut pas toujours embrasser du regard. Les élèves l'ont bien compris, et s'adonnent à de multiples activités interdites quand ils ne sont pas visibles de l'enseignant(e) : retourner un canapé et jouer en dessous, récupérer des objets dans la poubelle pour faire des pitreries, etc. Nombreux sont ainsi les moments qui s'apparentent à des moments de jeux libres plutôt que d'apprentissages scolaires. Ce qui peut être un choix. Le problème ici réside plutôt dans la distorsion entre la représentation de la maîtresse sur ces moments (situations d'apprentissage autonome) et ce qu'ils sont réellement (manque d'efficacité scolaire et conduites déviantes). Il va sans dire que ce type d'organisation pédagogique, au demeurant fort peu authentiquement montessorienne, ne peut guère être favorable aux élèves les plus faibles. On ne peut compter sur les seuls éventuels apprentissages informels qui s'en dégagent sûrement pour faire œuvre de lutte contre les inégalités initiales. Mathilde ne s'inquiète pas tant que cela quand elle constate que les apprentissages ne sont guère présents.

> Mathilde dira d'un élève, Jason, qu'il « n'a rien fait cet après-midi » (je l'ai effectivement constaté), comme un constat plutôt que comme un regret et complète : "est-ce qu'il ferait si on imposait ?"(Mathilde, 04.12.17)

Les argumentaires des « périodes sensibles » cohabitent étrangement avec des logiques de résignation voire de maintien de certains élèves dans leur différence.

Ainsi, nous avons pénétré dans deux classes engagées dans les pédagogies d'inspiration montessorienne, mais prenant des formes diverses, plus ou moins hybrides vis-à-vis des pratiques habituelles, étudiées dans les chapitres précédents. Malgré leurs différences, ces deux classes interrogent sur la question des processus de différenciation. Chez Géraldine, nos observations nous amènent à faire l'hypothèse que se baser sur l'initiative spontanée des enfants aboutit à des profits scolaires différenciés de ces longues plages d'activité. Comment pourrait-il en être autrement ? Les élèves ayant développé des dispositions scolaires lors de leur socialisation primaire semblent en tirer un plus grand bénéfice. Pour de multiples raisons, c'est bien moins le cas des élèves les moins dotés scolairement, moins à l'aise avec l'enseignant(e) ainsi qu'avec les jeux éducatifs, moins acculturés enfin vis-à-vis des « fondamentaux ». Chez Géraldine, l'argumentaire des « périodes sensibles » joue aussi en faveur d'un renforcement des inégalités initiales, car il légitime un plus grand étayage des élèves manifestant le plus d'inclination vis-à-vis des activités scolaires. Enfin, toujours chez cette maîtresse, nombreux sont les enfants qui détournent le matériel, abandonnent, changent prématurément d'activité. C'est encore plus le cas chez Mathilde. Même si elles sont limitées, ces observations, ne nous amènent pas à adhérer à l'idée selon laquelle ces pédagogies pourraient permettre une forte réduction des inégalités socio-scolaires et contrecarrer la marginalisation des plus faibles souvent constatée aux ateliers (chapitre 5). En somme, telles que nous les avons observées, ces pratiques mettent en œuvre des déprises enseignantes. Il est loin d'être anodin que des enseignant(e)s ne s'occupent plus de certains élèves et ne cherchent plus à leur faire acquérir la même chose qu'aux autres (abandon du modèle simultané). Dès lors, par rapport aux ateliers, au lieu de voir des ruptures, nous sommes tentés de déceler des accomplissements. Encore plus qu'aux ateliers, on attend un élève autonome face à ses activités. Il doit même dorénavant les choisir. Encore plus qu'aux ateliers, la distanciation enseignante est à l'œuvre. Le contrôle de toutes les activités de la classe est en effet dorénavant abandonné. Enfin, l'idée que tous doivent acquérir un même niveau en même temps laisse place à l'idée de rythmes hétérogènes, ouvrant parfois la voie à une résignation vis-à-vis des plus faibles.

Montessorisme et élitisme, réalités et mirages (Géraldine)

Se voit également approfondi le recours aux théories psychologiques pour légitimer une relégation de certains et en favoriser d'autres (Darmon, 2001).

L'observation de la classe de Géraldine nous a montré un autre visage du « montessorisme » contemporain, sa possible articulation avec des logiques élitistes. Il y eut là un trait assez spécifique à Géraldine, qui ne s'est pas retrouvé dans toutes les classes à inspirations montessoriennes (la classe de Géraldine fut celle située dans le quartier le plus privilégié, parmi l'ensemble des classes « montessoriennes » observées, ce qui pourrait être un élément d'explication), mais nous tenons tout de même à évoquer ces liens. Rappelons que Céline Alvarez (2016) affirme que sa méthode pourrait permettre de produire des performances hors du commun chez les enfants. Ce discours trouve aussi son origine dans la reprise de thématiques venues des neurosciences, selon lesquels le cerveau aurait un potentiel inexploité. Nous avons vu plus haut que Géraldine adhère de façon dogmatique aux thèses de Céline Alvarez. Sans surprise, elle croit donc que la méthode pédagogique qu'elle met en œuvre pourrait permettre de produire des résultats hors du commun.

Sur la question des logiques de précocité, elle m'évoquait l'année dernière les élèves sachant lire en fin de PS [petite section]. On retrouvera cette question aujourd'hui à la récréation lorsqu'elle me dira que les neurosciences ont montré que le développement entre 3 et 5 ans est semblable à celui d'un « génie » (je cite). (18.09.17).

Elle met ainsi une bande numérique jusqu'à 300 dans la classe (c'est souvent un « marqueur » d'adhésion à la pédagogie d'inspiration montessorienne). Des activités dans la classe de petite section de Géraldine visent à apprendre les milliers aux élèves. Il y a aussi des additions de nombre à quatre chiffres. Enfin, elle passe un temps important à apprendre à lire à ces élèves. Il faut noter qu'aucune des 15 classes de l'enquête 2011–2013 ne poursuivait de tels objectifs, y compris dans les milieux les plus aisés. Notons également que toutes ces activités ne sont absolument pas au programme de l'école maternelle (y compris en grande section et nous sommes ici en petite section). Car pour Géraldine, s'adapter aux rythmes de l'enfant c'est peut-être avant tout pousser les meilleurs, au maximum. À plusieurs reprises, elle dira : « pourquoi les stopper ? » (18.09.17). Même la directrice en rit, affirmant, avec humour : « C'est pas au programme ! On n'est pas en CE1 ! ». Autre extrait du cahier d'observation : « Je lui dirai qu'elle met la barre haute en écriture (car cursive) : "la même chose qu'Alvarez" me répond-t-elle » (28.11.17).

Des résultats inhabituels ont parfois été constatés, ainsi de plusieurs élèves de petite section maîtrisant le déchiffrage (avec la mobilisation des parents avérée dans plusieurs cas, nous l'avons vu plus haut). Mais des hiatus sont aussi apparus lors de l'observation directe. Des vérifications discrètes m'ont montré des acquis illusoires, fondés sur de seules apparences.

> Je demanderai à Julien : « qu'est-ce que c'est ? », en montrant le cube de 1000. « Millier » répond-il. J'en mets deux. « 2 milliers ». Je lui mets d'un côté quatre blocs de 100 et de l'autre un bloc de 1000. Je demande où il y en a le plus. Il montre les quatre blocs de 100. (Géraldine, 25.09.17).

On s'interroge dès lors sur l'intérêt de travailler les milliers, alors que les élèves de maternelle sont censés s'arrêter à 10, selon les programmes. Confrontés à des représentations du monde avec les continents (ici encore, hors programme), où les pays constituent les pièces de puzzle de cette carte, un élève de 3 ans pense que l'Italie est un « cocotier », signe fort probable d'un décalage entre les visées de cette activité et les possibilités de ce jeune enfant. La maîtresse m'évoqua aussi un élève « adorant » la géographie. L'observation directe, et le dialogue avec les parents, m'amena à l'hypothèse fort plausible qu'il aimait surtout jouer aux figurines d'animaux qui devaient être placées sur les continents où ils évoluent : il possédait les mêmes chez lui et y jouait régulièrement. De même :

> Devant les globes terrestres, je surprends des conversations entre enfants. À la question de où on habite, un élève répond : « l'Asie ». Un autre dira que l'on habite une planète autre que la terre. La maîtresse passe et évoque « Mars ». Et un enfant de dire : « C'est Marseille qui va gagner ! », du fait de la consonance entre les deux mots (Mars / Marseille)… (25.09.17).

Une impression de décalage apparaît alors entre de très fortes ambitions, et la réalité de ces élèves de 3 ans, fussent-ils de milieu favorisé (chapitre 5).

Que le montessorisme contemporain ne réhabilite pas l'approche psycho-affective

Quid des rapports entre pratiques d'inspiration montessorienne et logique de prise en charge psycho-affective ? Force est de constater que les pratiques montessoriennes sont surtout investies sous l'angle des apprentissages, ce qui est un élément de forte continuité par rapport aux évolutions de professionnalité des professeur(e)s des écoles évoquées au premier chapitre. Il pourrait y avoir ici des hiatus par rapport à la « vraie » pédagogie Montessori, qui posait en un sens la question du *care*. Géraldine fut ici emblématique : on retrouve dans sa classe une certaine âpreté psycho-affective, dans la continuité directe du chapitre 4. Sa classe est loin d'être conviviale ; une certaine froideur, proche de qui avait été relevé chez Florence, a été constatée. C'est particulièrement manifeste lors de l'accueil, où elle ne joue pas un rôle psycho-affectif, alors même que ce moment de transition pourrait être investi de la sorte, qui plus est avec ces jeunes élèves de début d'année de petite section (2 ans pour certains). Ainsi de cette scène, au tout début de la journée :

> Je constate que Géraldine ne se situe pas du tout dans l'espace de la classe proche de la porte d'entrée où les enfants doivent retirer leurs chaussures, sorte de sas avant l'espace « montessorien ». Elle est déjà dans son système habituel, notamment consacrée aux présentations d'activité. Un élève pleure beaucoup

avec son père. Elle n'ira pas, elle ne regarde pas cet espace. Elle est déjà au travail. Cet élève restera devant l'aquarium jusqu'à 10 h. Elle me dira à son sujet qu'il n'était pas disposé ce matin. Donc qu'il valait mieux le laisser. (25.09.17).

Ce point est très important : il signifie que les récents engagements montessoriens ne sont pas embrassés pour des raisons psycho-affectives. Ce qui montre d'une autre manière des logiques de continuité par rapport aux caractéristiques de la socialisation enfantine en maternelle constatées dans les chapitres précédents.

Conclusion du chapitre 6

La décennie 2010 a donc été travaillée par l'émergence de thématiques qui, en apparence, donnent l'impression de ruptures, semblant pouvoir contrecarrer certaines caractéristiques de la socialisation scolaire propres à l'école maternelle contemporaine, étudiées dans les chapitres antérieurs. Pourtant, dans le détail, nous avons vu que les choses étaient bien moins univoques. Du côté du curriculum formel, nous avons constaté que le « retour » des valeurs psycho-affectives a été relatif. Du fait notamment des enseignant(e)s mais aussi de plusieurs acteurs institutionnels, ce « retour » n'a été possible qu'en s'articulant, s'harmonisant, à la représentation scolaire contemporaine de l'enfant, qui n'a en rien été « déboulonnée ». De nombreuses thématiques apparues durant la période 1986–2008, qui définissent la forme scolaire contemporaine, demeurent : évaluation, organisation didactique des apprentissages, importance de la préparation à l'école élémentaire (notamment par la phonologie ou les mathématiques), forte autonomie de l'enfant, etc. Plusieurs recherches récentes[85] s'interrogent dès lors sur le sens profond du recours à la notion de bien-être. Elle pourrait tout d'abord exprimer timidement que l'école maternelle engendrerait un certain mal-être. Mais sans pour autant permettre une réelle investigation sur ses causes. Nous l'avons dit : la défense et le maintien des objectifs scolaires contemporains interdisent *ipso facto* de les questionner et de les identifier comme possibles sources de mal-être. La notion de bien-être ou de bienveillance perd ainsi toute potentialité « corrosive ». Dès lors, on se demande si cette notion ne vient pas tout simplement servir les objectifs scolaires contemporains.

---

[85] Voir en particulier les deux tomes « Le bien-être à l'école : un processus de production du bien-être ? » de *Recherches et éducations,* 17, paru en 2017 et disponible en ligne : https://journals.openedition.org/rechercheseducations/3341.

La notion porterait la figure d'un enfant acceptant bien volontiers les nombreuses contraintes, croissantes, que lui imposent une prime scolarisation dont on attend plus qu'avant des résultats scolaires rapides et palpables. La notion de bien-être viserait à faire accepter à l'enfant les contraintes renforcées qui pèsent sur lui (tout comme la gestion du stress en entreprise). Les notions de bien-être ne sont-elles pas enfin à corréler à des logiques de développement personnel ou de psychologie positive ? Ces notions peuvent dire « l'émancipation » mais tout aussi bien « la compétition » ou « l'individualisme », selon Wagnon (2018).

L'étude des pratiques d'inspiration montessorienne nous a amenés à des réflexions proches. La ferveur que cause parfois cette inspiration est le signe en creux de profonds malaises des enseignant(e)s de maternelle qui pourraient s'expliquer par certaines caractéristiques contemporaines de l'école maternelle, développées dans les chapitres précédents (mise à l'écart de certains élèves, stress enseignant, etc.). Nos observations nous ont amenés à douter que ces nouvelles pratiques renversent les caractéristiques fondamentales de la socialisation enfantine à l'école maternelle, mises en lumière dans le présent ouvrage. Chez les enseignant(e)s « montessoriens », le rapport à l'enfant reste très largement scolaire, motivé par la recherche de résultats scolaires, parfois même avec des attentes de performances bien plus élevées que jadis. Le recours au discours d' « adaptation aux rythmes de chacun » peut être mobilisé au service d'une logique élitiste. C'est aussi qu'avec ces pratiques, la figure d'un enfant autonome dans ses apprentissages, avec un enseignant(e) relativement lointain, prend des formes encore plus accomplies. Les discours d'inspiration neuroscientifique ou montessorien peuvent enfin aboutir à légitimer des déprises voire des résignations enseignantes et des pratiques de classe qui reposent plus que jamais sur les dispositions scolaires préalables des enfants, pour ceux qui en possèdent.

Conclusion générale

L'objectif de cet ouvrage était de cerner la singularité de l'école maternelle contemporaine. Pour cela, nous avons cherché à mettre au jour les représentations dominantes de l'enfant dans l'école maternelle contemporaine et expliquer les raisons de cette domination, réactivant ce faisant le projet scientifique des premiers sociologues de l'école maternelle (Chamboredon, Prévot, Plaisance, Dannepond) pour l'appliquer à la période contemporaine.

L'étude du curriculum formel nous a permis de mettre au jour la montée en puissance d'une représentation scolaire de l'enfant durant la période 1986–2008. L'affirmation de cette représentation et sa définition même paraissent indissociables de nouvelles exigences de rentabilité qui sont assignées à l'école maternelle, comme à d'autres institutions publiques (Bezes, 2009). Au niveau prescriptif, la professionnalité des maîtres(se)s de maternelle, devenu(e)s professeur(e)s des écoles, se voit redéfinie : elle consiste de plus en plus à développer le maximum d'apprentissages préparatoires à la suite de la scolarité. Le recours à l'organisation diachronique des apprentissages, aux évaluations et le refus de l'improvisation en sont les outils. Toutes ces thématiques nous font considérer qu'il ne s'agit pas uniquement d'un « retour » de l'approche scolaire de l'enfant (qui avait eu un poids prescriptif important avant les instructions de 1977), mais bien de l'affirmation d'une représentation scolaire de l'enfant qui a ses spécificités par rapport à celles qui ont pu prévaloir jadis et qui se caractérise au carrefour des redéfinitions récentes des rôles de l'enseignant(e) et des élèves (autonomie notamment).

L'observation directe nous a permis d'observer le contexte socialisateur actuel, dans ce climat de fortes attentes prescriptives de résultats. Il règne dans les classes de notoires exigences d'apprentissages scolaires (savoirs et savoir-être scolaires), ainsi qu'un rythme soutenu dès la petite section, en particulier dans les matières particulièrement emblématiques de la scolarité élémentaire. L'organisation pédagogique ordinaire s'avère très majoritairement marquée par la forme scolaire c'est-à-dire par la directivité de l'enseignant(e) et l'obligation pour l'enfant de réaliser les activités qu'elle/il impose. Dès la petite section, l'enfant doit donc mettre en œuvre un travail des émotions (Hochschild, 2017) lui permettant de jouer son rôle d'élève (discipline, application, concentration). Le caractère « école » de l'école maternelle ne fait alors pas de doute. Chez les enseignant(e)s, ces fortes attentes d'apprentissages, et plus généralement ces évolutions de professionnalité, entraînent parfois un stress notable, qui s'explique par l'importance prescriptive accordée à l'optimisation des journées en apprentissages. Dans le cadre d'une logique de compétence (Dubar, 1996 ; Wieviorka, 2013), le professionnel peut en effet toujours s'améliorer, c'est-à-dire ici densifier les journées en apprentissages scolaires. C'est sûrement du fait de cette recherche de rentabilité scolaire que des activités jugées secondaires comme les « arts plastiques » sont désormais investis par des objectifs liés au lire / écrire / compter, alors même que les programmes ne le demandent pas. Le curriculum réel renvoie alors une image accentuée et donc en partie déformée du curriculum formel.

Dans ce climat de fortes attentes scolaires, certaines approches de l'enfant perdent inexorablement en légitimité, ce qui est notable au niveau des textes prescriptifs mais plus encore au niveau des pratiques. Ainsi du recours à l'éducation nouvelle. Dans les textes officiels, les approches psychologiques et pédagogiques qui lui étaient connexes ont été supplantées par une approche didactique, mobilisée pour permettre la rationalisation des apprentissages. Au niveau des pratiques, la focalisation contemporaine sur les apprentissages scolaires rend désormais secondaire le biais pédagogique choisi (éducation nouvelle ou pas) ; il pourrait même être plus « sûr » d'éviter les pédagogies « détournées », pour aller à l'essentiel. C'est aussi que l'école maternelle est désormais le premier cycle de la scolarité (MEN, 1989) : étant désormais école de plein droit, il pourrait y être plus légitime que jadis que s'y exerce la contrainte scolaire ordinaire, sans que cela ait à être maquillé par quelque ruse pédagogique. L'adhésion aux valeurs de l'éducation nouvelle était aussi celle d'un corps professionnel, celui des institutrices de maternelle, fédéré par des associations professionnelles, des inspectrices et une formation spécifiques, voire certains idéaux politiques, autant d'éléments qui ont soit disparu soit très largement décliné. Selon nos observations (inexorablement limitées), ces pédagogies de l'éducation nouvelle semblent particulièrement moribondes chez les enseignant(e)s qui n'ont pas connu des biais éducatifs proches dans leur milieu familial d'origine (Vincent, 2000), ou chez ceux qui exercent en milieu privilégié, où pèsent encore plus de fortes attentes de résultats précoces. Le raisonnement qui vient d'être proposé pour

Conclusion générale

l'éducation nouvelle vaut à peu près pour l'approche psycho-affective de l'enfant et les logiques de *care*. Dans les textes officiels, la centration sur les objectifs scolaires est allée de pair avec un déclin des thématiques d'inspiration psychologique et psychanalytique, également visible dans les rapports d'inspection de l'époque (donc au niveau de la formation continue). Aujourd'hui, l'approche psycho-affective apparaît comme un « supplément d'âme » chez certain(e)s enseignant(e)s issu(e)s de certains milieux sociaux qui la valorise ou exerçant dans des écoles où règnent de moins grandes ambitions scolaires. Cette approche n'est pas au cœur de l'identité professionnelle contemporaine des enseignant(e)s de maternelle. Plus généralement, les thématiques du soin (physiologique et affectif) sont en berne. Dans les classes, une distance vis-à-vis des corps enfantins a été constatée qui semble plus marquée que jadis (Calmy-Guyot, 1973). La figure d'un enfant devant s'occuper seul de ses soins corporels, semble avoir gagné du terrain, ce qui est cohérent avec l'évolution du recrutement des enseignant(e)s (BAC+5), leur embourgeoisement continu et l'actuelle logique de « sacralisation » de l'enfant (Déchaux, 2014) allant de pair avec une peur panique de la pédophilie.

Sur la question des rapports entre socialisations familiales et préscolaire, quelles évolutions donc depuis Plaisance, Chamboredon et Prévot ? À leur époque, le modèle pédagogique expressif gagnait du terrain, signe d'une certaine diffusion de valeurs éducatives venues des catégories moyennes et supérieures, indissociable d'un changement de public et de l'embourgeoisement des maîtresses. Nous avons vu que les valeurs expressives avaient été en partie remises en cause et qu'un climat plus scolaire s'était imposé depuis. Nous ne pensons pas pour autant que ces évolutions pédagogiques aient été favorables aux élèves de milieu populaire, ce qui aurait pu advenir du fait d'une remise en cause des pédagogies invisibles corrélative au déclin du modèle « expressif ». En effet, nous avons pu constater dans les deux derniers chapitres que les formes pédagogiques contemporaines allaient très souvent de pair avec une relégation au second plan des élèves les plus faibles et ce, dès la petite section. Dès lors, nous faisons l'hypothèse d'une redéfinition pédagogique de l'école maternelle qui ne remettrait pas en cause son profit pour les catégories moyennes et supérieures, ni sa « connivence » (Plaisance, 1986) envers elles. Dans un contexte d'allongement des carrières scolaires, de logiques de plus en plus concurrentielles au sein du système éducatif, et dans la société en général, l'école maternelle aurait peu à peu fait évoluer le modèle « expressif » en allant vers des objectifs de rentabilité scolaire plus directs[86]. Ces évolutions pourraient être rendues possibles par le fait que les socialisations familiales dans les catégories moyennes et supérieures seraient aujourd'hui un peu moins marquées par les valeurs expressives. Certaines pondérations ont indiscutablement eu lieu par rapport au contexte « libertaire » des années 70. Autre hypothèse, qui n'entre pas en contradiction avec ce qui vient d'être dit : ces familles privilégieraient aujourd'hui la figure d'un enfant nourri affectivement au sein même de la famille plutôt qu'à l'extérieur, du fait de cette logique de rapport affectif passionnel à l'enfant qui semble le propre des familles contemporaines (Déchaux, 2014 ; Gauchet, 2015), en particulier dans ces milieux. Une certaine répartition des rôles aurait alors lieu : à l'école maternelle d'œuvrer à la réussite scolaire présente et future de l'enfant (encore plus pressante que jadis), à la famille de le nourrir affectivement (tout en lui délivrant également de nombreux legs scolaires, d'autant plus que l'on monte dans la hiérarchie sociale). Quoiqu'il en soit, pour l'ensemble de ces raisons, les finalités de rentabilité scolaire immédiate, indissociables d'inflexions pédagogiques relatives (les pratiques des années 70 étaient aussi au moins en partie scolaires), sont désormais plus acceptées par les catégories moyennes et supérieures (Gombert, 2008).

À l'époque de Plaisance (1986), les élèves de milieu populaire ne tiraient pas forcément profit du climat expressif du fait de leur socialisation primaire (voir la conclusion de son ouvrage). Il est loin d'être certain que leur situation soit plus favorable aujourd'hui. N'est-ce pas parce que les objectifs scolaires ambitieux qui règnent aujourd'hui supposent de laisser de côté ceux qui ne peuvent pas suivre un rythme d'apprentissage soutenu ? Tout se passe comme si l'école maternelle n'avait pas le temps d'apprendre à être élève ; elle attendrait que les enfants le soient dès leur arrivée. Les exigences de rentabilité et d'efficacité qui pèsent sur la maternelle ne s'appliquent donc pas à tous les élèves ; les plus faibles ne tirent pas bénéfice du fort engagement professionnel des professeur(e)s des écoles (parfois proches de l'épuisement).

Les nouvelles âpretés de l'école maternelle sont donc plurielles. Tentons une synthèse, certes à gros traits, mais non dénuée de véracité. Les élèves bien dotés scolairement par leur milieu d'origine sont soumis à un rythme d'apprentissage dense, qui repose en grande partie sur

---

[86] Les objectifs scolaires n'étaient pour autant pas absents du modèle expressif. Chamboredon et Prévot y voyait une logique de « préparation scolaire » (1973, p. 295).

leurs capacités d'autonomie. Ils perfectionnent leur rôle d'élève et leurs apprentissages scolaires. Ils sont confrontés à un contexte socialisateur quotidien fortement scolaire, où les logiques de *care* sont réduites et où ils doivent en partie gérer leurs propres soins. D'un point de vue socialisateur, nous sommes bien plus proches de l'école élémentaire que des institutions de la petite enfance et ce d'autant plus si l'école se situe dans un quartier privilégié. Ce type d'enfants a cependant des ressources pour faire face à ces situations : ses loisirs et ses activités hors l'école ont développé chez eux des dispositions d'élève, d'autant plus qu'ils viennent d'un milieu privilégié. En outre, le travail émotionnel requis en maternelle pourrait avoir également été préparé au niveau de la socialisation primaire. Il n'est pas impossible que ces élèves jouissent d'un climat familial dans lequel ils comptent beaucoup et où règnent des rapports affectifs avec ses parents, qui compensent la relative distance affective de l'enseignant(e). Pour les élèves les plus faibles scolairement, très souvent issus de milieux populaires, l'école maternelle est le lieu d'âpretés multiples, risquant de se renforcer les unes les autres. Dès leur entrée en maternelle (2 ou 3 ans), ils sont confrontés à un rythme d'apprentissage très soutenu, pour lequel ils n'ont pas été préparés. Leur socialisation n'a pas développé chez eux assez de dispositions utiles scolairement. Il leur est souvent très difficile de suivre, et donc d'apprendre, ce qui joue en faveur d'un décalage vis-à-vis des meilleurs se renforçant au cours du temps. Ils doivent apprendre un travail émotionnel qui peut s'avérer différent de celui auquel ils sont habitués, sans y être vraiment aidé. Des conduites déviantes diverses peuvent se mettre en œuvre : désintérêt pour les apprentissages, rébellion, etc. Ils sont confrontés à des professeur(e)s des écoles le plus souvent issus d'un milieu différent du leur, et qui n'ont pas été formés pour les comprendre. Dans le pire des cas, ils subissent des vexations de la part de leur professeur(e) des écoles ou des violences verbales et même parfois physiques. Ils sont souvent responsabilisés dans leur échec, à moins que ne se mettent en œuvre des explications de nature pathologique. Enfin, la situation est d'autant plus âpre que la professionnalité des professeur(e)s des écoles s'avère peu centrée sur le *care*, ce qui n'améliore en rien leur situation. Il y a là une description certes fort généralisante, ne rendant pas totalement justice à la complexité de l'ensemble des situations sociales et particularités, mais qui s'avère néanmoins pas si éloignée d'un certain nombre de résultats dûment explicités et documentés dans le présent ouvrage.

Nous avons centré notre analyse sur les représentations et pratiques des professeur(e)s des écoles. Nous avons fait ce choix car elles/ils sont les principales/aux actrices/eurs de la socialisation qui se déroule à l'école maternelle. Pourtant, nous souhaitons bien préciser que nous ne les tenons nullement pour « responsables » des « âpretés » de la socialisation actuelle à l'école maternelle. Nous avons questionné les discours de responsabilisation quand ils sont appliqués aux enfants, ce n'est pas pour les appliquer aux professeur(e)s des écoles. D'autres adultes interviennent, ainsi que les pairs, et les actions socialisatrices des professeur(e)s des écoles sont à relier directement à leurs conditions de formation, d'évaluation, ainsi qu'aux prescriptions, nous l'avons vu. Nous reprendrons donc bien volontiers ici les mots d'Éric Plaisance :

> La tâche du sociologue n'est pas d'opérer un renversement radical des interprétations qui portent sur la place de l'école maternelle dans la société, de passer du plus au moins, du discours lyrique en faveur de l'institution à un discours systématiquement critique qui n'offrirait aucune perspective d'action transformatrice. Il consiste plutôt à dévoiler les contradictions inaperçues, à mettre les obstacles en évidence, bref à offrir des moyens d'explicitation pour que les acteurs sociaux eux-mêmes en fassent éventuellement leur profit pour tenter de surmonter les difficultés existantes et, si possible, pour permettre aux enfants les plus malmenés par l'existence de maîtriser leur devenir (1986, p. 204).

Au demeurant, des évolutions du préscolaire comparables semblent exister actuellement dans d'autres pays, ce qui prouve donc aussi qu'elles relèvent de facteurs qui dépassent évidemment la responsabilité des seul(e)s professionnel(le)s. Des travaux comparatistes récents montrent l'existence de logiques de *schoolification* du préscolaire dans de nombreux pays européens, notamment l'Italie, la Suisse, la Belgique (Veuthey, Marcoux & Grange, 2016) ou encore l'Allemagne. Au-delà, des phénomènes semblables peuvent être mis au jour (Kaga, Benett & Moss, 2010), par exemple au Japon (Watanabe, 2010). Il convient bien sûr de noter que des traditions culturelles hétérogènes demeurent (Rayna & Brougère, 2015) et que le clivage entre des systèmes préscolaires à visée « holiste » et des systèmes visant surtout l'enseignement est loin d'être aboli. Il n'en reste pas moins que nombreux sont les pays où la recherche de rentabilité se traduit par l'introduction dans le préscolaire de nouvelles logiques scolarisantes, allant de pair avec des refontes curriculaires (déclin des visées développementales) et des processus évaluatifs nouveaux, induisant possiblement des logiques de responsabilisation des enfants. Ceci pourrait créer de nouvelles proximités entre le système préscolaire français et certains systèmes préscolaires traditionnellement moins scolaires, remettant pour partie en cause la spécificité française (Brougère, 2002b). Ces éléments ne sont en rien contradictoires avec le développement croissant d'écoles Montessori dans le monde, en particulier pour l'âge préscolaire. En effet, la pédagogie Montessori est souvent défendue par ces écoles elles-mêmes comme permettant d'atteindre de hauts résultats scolaires (parmi d'autres justifications) (Viaud, 2017).

Nous défendons l'hypothèse qu'après l'école maternelle visant la productivité enfantine, puis celle visant son expressivité (Plaisance, 1986), est apparue une école maternelle de la *performance enfantine*. Explicitons pourquoi ces mots nous semblent nommer opportunément l'école maternelle contemporaine et comment nous utilisons ce concept. Ehrenberg (2011) a montré qu'il était heuristique pour rendre compte de l'évolution de la société contemporaine et de son imaginaire (figures du sportif, de l'entrepreneur, etc.). De fait, la recherche de performance est omniprésente dans de nombreux univers professionnels actuels, comme le montre plusieurs travaux issus de la sociologie du travail, par exemple ceux de Dujarier (2015). Neyrand s'est aussi penchée sur la diffusion contemporaine dans l'imaginaire collectif d'une figure de l'enfant performant (Neyrand, 2006), par exemple avec l'avènement de la bébologie. Dans le présent ouvrage, l'évocation d'une « école maternelle de la performance enfantine » vise principalement à rendre compte de deux de ses caractéristiques, qui nous semblent indissociables. La première, c'est l'objectif que les apprentissages soient les plus nombreux possibles, le plus vite possible. Le temps de l'école maternelle contemporaine est celui d'une urgence. Elle s'explique par une recherche de rentabilité que l'on peut corréler à l'influence et aux effets de la nouvelle gestion publique. Mais cette urgence s'explique également (c'est lié) par le développement croissant de logiques concurrentielles au sein du système éducatif, dans la société et donc de plus en plus dans les espaces de la socialisation enfantine (notamment : sphère familiale, crèche, école maternelle). La performance est ainsi indissociable de la concurrence, fût-elle dissimulée. La deuxième, c'est le fait que l'enfant soit fortement responsabilisé dans la réalisation de cet objectif de performance. En somme, dans l'école maternelle, l'enfant est initié à cet *ethos* contemporain, performer. La notion de « performance » permet enfin de rendre compte des très nombreuses compétences attendues dès l'entrée en maternelle, de natures très diverses (hygiéniques, disciplinaires, émotionnelles, cognitives, etc.). La notion a ainsi le mérite de souligner que, pour l'enfant, être à la hauteur de ces multiples attentes, pourrait bien relever de l'exploit. Dans l'école maternelle de la performance enfantine, les meilleurs (souvent, les mieux dotés par leur milieu d'origine ; ils ont déjà une longueur d'avance dans l'initiation à cet *ethos* contemporain) font leurs armes et marquent leur avance dans la compétition sociale. Quant aux plus faibles, ils font progressivement l'amère expérience de leur statut d'*outsider* (Becker, 1985). Pour certains, cette impression d'être aux marges, et marginalisé, se retrouvera dans la suite de leurs carrières scolaire et sociale. Loin donc d'être une île immuable au sein du monde social, l'école maternelle change évidemment avec lui. Elle est aujourd'hui à l'image de la société contemporaine : en quête de performance et d'optimisation du temps, hautement concurrentielle et âpre pour les laissés-pour-compte.

Bibliographie

Allam, M.C. & Wagnon, S. (2018). La galaxie des pédagogies alternatives, objet d'étude des sciences humaines et sociales. *Tréma*, 50. URL : http://journals.openedition.org/trema/4159

Alvarez, C. (2016). *Les lois naturelles de l'enfant*. Paris, France. Les arènes.

Ariès, P. (1960). *L'enfant et la vie familiale sous l'Ancien Régime*. Paris : Seuil.

Bassan, V. J. (1976). *Comment intéresser l'enfant à l'école. La notion des centres d'intérêt chez Decroly*. Paris : PUF.

Baudelot, C. & Establet, R. (2009). *L'élitisme républicain. L'école française à l'épreuve des comparaisons internationales*. Paris : Seuil.

Bautier, É. (dir.) (2006). *Apprendre à l'école, apprendre l'école. Des risques de construction d'inégalités dès l'école maternelle*. Lyon : Chronique sociale.

Beauvalais, S. (1997). *Naître à l'hôpital au XIXe siècle*. Paris : Belin.

Becker, H. (1985 [1963]). *Outsiders. Etude de sociologie de la déviance*. Paris : Métailié.

Berger, I. (1979). *Les instituteurs, d'une génération à l'autre*. Paris : PUF.

Bernstein, B. (1975). *Classes et pédagogies, visibles et invisibles*. Paris : CERI et OCDE.

Bezes, P. (2009). *Réinventer l'État. Les réformes de l'administration française (1962-2008)*. Paris : PUF.

Bonnéry, S. (2011). D'hier à aujourd'hui, les enjeux d'une sociologie de la pédagogie. *Savoir/Agir*, 17 (3), p. 11–20.

Bonnéry, S., & Joigneaux, C. (2015). Des littératies familiales inégalement rentables scolairement. *Le français aujourd'hui*, 190 (3), p. 23–34.

Bourdelais, P. (dir.) (2001). *Les hygiénistes, enjeux, modèles et pratiques*. Paris : Belin.

Boutinet, J.-P. (2015). *Anthropologie du projet*. Paris : PUF.

Brissiaud, R., Boulard, C., Ouzoulias, A., & Riou, M. (2004). *L'album à calculer*. Paris : Retz.

Brougère, G. (1995). *Jeu et éducation*. Paris : L'harmattan.

Brougère, G. (1997). Jeu et objectifs pédagogiques : une approche comparative de l'éducation préscolaire. *Revue française de pédagogie*, 119 (1), p. 47–56.

Brougère, G. (2002a). Jeu et loisir comme espaces d'apprentissages informels. *Éducation et société*, 10 (2), p. 5–20.

Brougère, G. (2002b). L'exception française : L'école maternelle face à la diversité des formes préscolaires. *Les dossiers des sciences de l'éducation*, 7, p. 9–19.

Brougère, G. (2010). Le bien-être des enfants à l'école maternelle. *Informations sociales*, 160 (4), p. 46–53.

Brougère, G. (2015a). Les enfants sont-ils là pour faire ce qu'ils veulent ? La diversité de l'accueil des deux-trois ans au regard des cultures et valeurs professionnelles. *Revue française de pédagogie*, 190 (1), p. 63–74.

Brougère, G. (2015b). La danse des « tout-petits » à l'école maternelle. In P. Garnier, G. Brougère, S. Rayna & P. Rupin (2015). *A 2 ans, vivre dans un collectif d'enfants. Crèche, école maternelle, classe passerelle, jardin maternel*. Paris : érès, p. 23–104.

Brougère, G. (2015c). Le *care* à l'école maternelle, une approche culturelle et comparative. In S. Rayna & G. Brougère, *Le care dans l'éducation préscolaire*. Bruxelles : PIE Peter Lang, p. 43–57.

Brougère, G. & Bézille, H. (2007). De l'usage de la notion d'informel dans l'éducation. *Revue française de pédagogie*, 158, p. 117–160.

Bruner, J.S. (1983). *Savoir faire savoir dire : le développement de l'enfant*. Paris : PUF.

Calmy-Guyot, G. (1973). *Un autre langage, la main dans la relation pédagogique à l'école maternelle*. Paris : ESF.

Carpantier, M. (1846). *Conseils pour la direction des salles d'asile*. Paris : Hachette.

Chalmel, L. (1996). *La petite école dans l'école : origine piétiste-morave de l'école maternelle française*. Bern ; Berlin ; Frankfurt, P. Lang.

Chamboredon, J.C. (1988). Compte rendu de Éric Plaisance, *L'Enfant, la maternelle, la société*. *Revue française de pédagogie*, 83, p. 83–96.

Chamboredon, J.C. & Prévot, J. (1973). Le "métier d'enfant". Définition sociale de la prime enfance et fonctions différentielles de l'école maternelle. *Revue française de sociologie*, 14 (3), p. 295–335.

CSP (2014a). *Projet de programme. École maternelle.* 3 juillet.

CSP (2014b). *Projet de programme et recommandations. École maternelle.* 3 juillet.

Dajez, F. (1994). *Les origines de l'école maternelle.* Paris : PUF.

Dannepond, G. (1979). Pratique pédagogique et classes sociales. Étude comparée de trois écoles maternelles. *Actes de la recherche en Sciences Sociales,* 30 (1), p. 31–45.

Darmon, M. (2001). La socialisation, entre famille et école. Observation d'une classe de première année de maternelle. *Sociétés & Représentations,* 1 (11), p. 515–538.

Darmon, M. (2010 [2006]). *La socialisation.* Paris : Armand Colin.

Dazay, J. (2008). *Il faut fermer les écoles maternelles. Le plaidoyer d'un inspecteur de l'éducation nationale.* Paris : Michalon.

Déchaux, J.-H. (2014). Le sacre de l'enfant. Regards sur une passion contemporaine. *Revue française de sociologie,* 55 (3), p. 537–561.

Delaisi de Parseval, G. & Lallemand, S. (1980). *L'Art d'accomoder les bébés. 100 ans de recettes françaises de puériculture.* Paris : Le Seuil.

De Singly, F. (1996). *Le Soi, le couple et la famille.* Paris : Nathan.

DEP (2003). La diversité des profils et des métiers d'enseignants. *Éducation et formations,* 66, p. 133–145.

Deutscher, I. (1973). *What we say / what we do.* Glenview : Scott Foresman and compagny.

Diasio, N. & Pawlowska, A. (2017). Introduction to the Special Section. Clean/Unclean Bodies: Childhood, Parenthood, and Society. *Italian journal of sociology of education,* 9 (3), p. 1–20. https://ijse.padovauniversitypress.it/issue/9/3

Dodson, F. (1972). *Tout se joue avant 6 ans.* Paris : R. Laffont.

Dubar, C. (1996). *La sociologie du travail face à la qualification et à la compétences.* Sociologie du travail, 38 (2), p. 179–193.

Dubreucq, F. (1993). Jean-Ovide Decroly (1871–1932). *Perspectives. Revue trimestrielle d'éducation comparée (Paris, UNESCO : Bureau international d'éducation),* 23 (1–2), p. 251–276. URL : www.ibe.unesco.org/sites/default/files/decrolyf.pdf

Dujarier, M.A. (2015). *Le management désincarné. Enquête sur les nouveaux cadres du travail.* Paris : La Découverte.

Durkheim, É. (1898). Représentations individuelles et représentations collectives. *Revue de métaphysique et de morale*, t. 6, p. 273–302.

Durkheim, É. (1973 [1922]). *Éducation et sociologie*. Paris : PUF.

Durler, H. (2015). *L'autonomie obligatoire. Sociologie du gouvernement de soi à l'école*. Rennes : PUR.

Ehrenberg, A. (2011 [1991]). *Le culte de la performance*. Paris : Pluriel.

Farges, G. (2017). *Les mondes enseignants. Identités et clivages*. Paris : PUF.

Faure, S. & Garcia, M.C. (2003). Le corps dans l'enseignement scolaire : regard sociologique. *Revue française de pédagogie*, 144, p. 85–94.

Florin, A. (1989). Modèles éducatifs à l'école maternelle : des textes officiels aux pratiques de classe. L'exemple des activités de langage. *Enfance*, 42 (3), p. 75–93.

Forquin J.-C. (1984). La sociologie du curriculum en Grande-Bretagne : une nouvelle approche des enjeux sociaux de la scolarisation. *Revue française de sociologie*, 25 (2), p. 211–232.

Freud, S. (2010 [1920]). *Au-delà du principe de plaisir*. Paris : Payot et Rivages.

Garnier, P. (2008). Des « relais » entre école et familles : les atsem. In M. Kherroubi (Dir.), *Des parents dans l'école*. Paris : érès, p. 139–178.

Garnier, P. (2009). Préscolarisation ou scolarisation ? L'évolution institutionnelle et curriculaire de l'école maternelle. *Revue française de pédagogie*, 169 (4), p. 5–15.

Garnier, P. (2016). *Sociologie de l'école maternelle*. Paris : PUF.

Garnier, P., & Brougère, G. (2017). Des tout-petits « peu performants » en maternelle. Ambition et misère d'une scolarisation précoce. *Revue française des affaires sociales*, 2, p. 83–102.

Garnier, P., Brougère, G., Rayna, S. & Rupin, P. (2015). *A 2 ans, vivre dans un collectif d'enfants. Crèche, école maternelle, classe passerelle, jardin maternel*. Paris : érès.

Gasparini, R. (2000). *Ordres et désordres scolaires. La discipline à l'école primaire*. Paris : Grasset/Le Monde éditions.

Gauchet, M. (2015). L'enfant imaginaire. *Le débat*, 183 (1), p. 158–166.

Gavarini, L. (2004 [2001]), *La passion de l'enfance. Filiation, procréation et éducation à l'aube du XXIe siècle*. Paris : Denoël Médiations.

Gavarini, L (2006). Du contrôle social à la prédiction : évolution du regard sur l'enfance. In G.

Gombert, P. (2008). *L'École et ses stratèges, Les pratiques éducatives des nouvelles classes supérieures*. Rennes : PUF.

Guerrand, R.H. (2009). *Les lieux. Histoire des commodités*. Paris : La découverte.

HCE (2007). *L'école primaire*.

Hochschild, A. R. (2017). *Le prix des sentiments. Au cœur du travail émotionnel*. Paris : La découverte.

Huard, C. (2018). L'essor actuel de la pédagogie Montessori dans l'école maternelle publique française. *Tréma*, 50. URL : http://journals.openedition.org/trema/4318

IGEN & IGAENR, 2011, *L'école maternelle*. media.education.gouv.fr/file/2011/54/5/2011-108-IGEN-IGAENR_215545.pdf

Jaeger, M. (2009). Du principe de responsabilité au processus de responsabilisation. *Vie sociale*, 3 (3), p. 71–81.

Jarlégan, A. & Tazouti, Y. (2012). Le genre à l'école maternelle : les représentations, jugements et attentes des enseignantes de grande section. *Éducation et socialisation*, n°32. URL : http://journals.openedition.org/edso/284

Javeau, C. (2006). La problématisation de l'enfance, des enfants et de l'enfant dans la société dite « du risque ». In R. Sirota (dir.) *Éléments pour une sociologie de l'enfance*. Rennes : PUR, p. 297–306.

Jégo, S. & Guillo, C. (2016). Les enseignants face aux risques psychosociaux. Comparaison des enseignants avec certains cadres du privé et de la fonction publique en 2013. *Éducation et formations*, 77–113.

Joigneaux, C. (2009a). *Des processus de différenciation dès l'école maternelle. Historicitésplurielles et inégalité scolaire*. Thèse de doctorat [non publiée], Sciences de l'éducation, université de Paris 8-Vincennes-Saint-Denis.

Joigneaux, C. (2009b). La construction de l'inégalité scolaire dès l'école maternelle. *Revue française de pédagogie*, 169 (1), p. 17–28.

Joigneaux, C. (2011). Forme scolaire et différenciation des élèves à l'école maternelle. Un cas d'école ? In J.Y. Rochex & J. Crinon (dir.). *La construction des inégalités scolaires. Au cœur des pratiques et des dispositifs d'enseignement*. Rennes : PUR, p. 147–155.

Joigneaux, C. (2014). L'autonomie à l'école maternelle : un nouvel idéal pédagogique ? *Recherches en éducation*, 20, p. 66–75.

Kaga, Y., Benett, J. & Moss, P. (2010). *Caring and Learning Together. A Cross National Study on the Integration of Early Childhoog Care and Education within Education.* Paris : UNESCO.

Kellerhals, J. & Montandon, C. (1991). *Les stratégies éducatives des familles : milieu social, dynamique familiale, et éducation des préadolescents.* Neufchâtel : Delachaux et Niestlé.

Kergomard, P. (2009 [1886]). *L'éducation maternelle dans l'école.* Paris : Fabert.

Kunkel, D., Smith S., Suding, P., & Biely E. (2000). Informative or not ? Media Coverage of childsocial policy issues, In A. Ben-Arieh & R.M. Goerge, *Indicators of Children's Well-being, Understanding their Role, Usage and Policy Influence.* Dordrecht : Springer, p. 160–175.

Lahire, B. (1998). *L'homme pluriel. Les ressorts de l'action.* Paris : Nathan.

Lahire, B. (2001). La construction de l'»autonomie» à l'école primaire : entre savoirs et pouvoirs. *Revue française de pédagogie*, 134, p. 151–161.

Lantheaume, F. & Hélou, C. (2008). *La souffrance des enseignants. Une sociologie pragmatique du travail enseignant.* Paris : PUF.

LaPiere, R.T. (1934). Attituds vs. Actions. *Social Forces*, 13 (2), p. 230–237.

Lareau, A. (2011). *Unequal Childhoods. Class, Race, and Family life. Second Édition (with an Update a Decade Later).* Berkeley : University of California Press.

Le Pape, M.-C. (2012). L'art d'être un "bon" parent : quelques enjeux des nouvelles normes et pratiques éducatives contemporaines. *Les Cahiers français : documents d'actualité*, 371, p.36–42.

Leroy, G. (2017a). Forme scolaire et travail de l'enfant-élève dans l'école maternelle contemporaine. *Penser l'éducation*, 41, p. 129–153. https://hal.archives-ouvertes.fr/hal-02006227v1

Leroy, G. (2017b). L'influence de l'éducation nouvelle sur les pratiques contemporaines de l'école maternelle française. *SpécifiCITéS*, 10, p. 62–86.

Leroy, G. (2017c). The Origins of the Contemporary Responsability of Children for Their Own Cleanliness. A sociological Analysis of French Nursery Schools. *Italian journal of sociology of education*, 9 (3), p. 46–69. https://ijse.padovauniversitypress.it/issue/9/3

Leroy, G. (2017d). L'enfant-objet de préoccupations hygiéniques : évolution d'une figure de l'enfant dans les textes officiels de l'école maternelle française (19e-20e siècles). *Canadian Bulletin of medical history*, 34 (1), p. 42–63.

Leroy, G. (2017e). La question du bien être de l'enfant dans les textes officiels récents de l'écolematernelle. *Recherches & éducations*, 17. https://journals.openedition.org/rechercheseducations/3487

Leroy, G. (à paraître a). Grandeur et décadence de l'appréhension psycho-artistique du dessin à l'école maternelle (1945–2013). *Cahiers de la recherche sur l'éducation et les savoirs*.

Leroy, G. (à paraître b). Le travail des émotions enfantines à l'école maternelle. Contribution à l'étude des primes socialisations enfantines. *Les sciences de l'éducation. Pour l'ère nouvelle*.

Leroy, G. (à paraître c). Les conceptualisations de la parole enfantine au sein des sociologies de l'enfance. *Recherches en éducation*.

Leroy, G. (soumis). L'autonomie enfantine postulée ou construite par l'étayage enseignant ? Une analyse des ateliers et des plages d'activités montessoriennes à l'école maternelle. *Revue française de pédagogie*.

Leroy, G. & Lescouarch, L (2019). De la pédagogie Montessori aux inspirations montessoriennes. Réflexion sur la question des emprunts pédagogiques partiels dans les pratiques enseignantes. *SpécifiCITéS*, 12 (1), p. 31–55

Lignier, W. (2007). L'autonomie enfantine à l'épreuve des "surdoués". Contribution ethnographique à une approche sociale de l'enfance. *L'Homme et la Société*, 3 (165–166), p. 205–221.

Luc, J.N. (1982). *La petite enfance à l'école. XIXe-XXe siècles. Textes officiels relatifs aux salles d'asile et aux écoles maternelles, présentés et annotés*. Paris : Économica.

Luc, J.N. (1997). *L'invention du jeune enfant au XIXe siècle. De la salle d'asile à l'école maternelle*, Paris, Belin.

Luc, J.N. (2011). La problématique et ses tribulations. Enquête sur l'essor de la préscolarisation dans la France du XIXe siècle, document distribué, Séminaire de recherche « L'enfance, la jeunesse et l'éducation, XIXe-XXe siècles », 2 mars 2011, Université Paris IV-Sorbonne.

Marcuse, H. (1968). *L'homme unidimensionnel. Essai sur l'idéologie de la société industrielle avancée*. Paris : Minuit.

Mendel, G. (1971). *Pour décoloniser l'enfant. Socio-psychanalyse de l'autorité*. Paris : Payot.

MEN (1977). Objectifs et procédures éducatives de l'école maternelle dans le cadre de la réforme du système éducatif. *Bulletin officiel de l'Éducation nationale*, 30, p. 2313–2338.

MEN (1986). *L'école maternelle. Son rôle, ses missions.* Paris : CNDP.

MEN (1989). Loi n°89–486 d'orientation sur l'éducation. *Journal officiel de la République Française*, p. 8860–8869.

MEN (1995). Programmes pour chaque cycle de l'école primaire, *Bulletin officiel*, arrêté du 22 février 1995.

MEN (2003). *La santé des élèves : programme quinquennal de prévention et d'éducation.* Circulaire n°2003 : http://www.education.gouv.fr/bo/2003/46/MENE0302706C.htm.

MENESR, 2014, *Synthèse de la consultation nationale sur le projet de programme de l'école maternelle.*

MENESR, 2015, Bulletin officiel, n°2, 26 mars 2015. https://www.education.gouv.fr/cid87300/rentree-2015-le-nouveau-programme-de-l-ecole-maternelle.html

Ministère de l'Éducation et Ministère de la Jeunesse, des Sports et des Loisirs (non daté). *L'éducation physique à l'école maternelle. Essai de réponses.* Paris : Éditions Revue Éducation physique et sport.

MEN & Ministère de la Recherche (2002). *Bulletin officiel*, hors-série n°1 du 14 février 2002.

Millet, M. & Croizet, J.C. (2016). *L'école des incapables ? La maternelle, un apprentissage de la domination.* Paris : La dispute.

Montmasson-Michel, F. (2016). Une socialisation langagière paradoxale à l'école maternelle. *Langage et Société*, 156, p. 57–76.

Montmasson-Michel, F. (2017). Les ATSEM, les activités manuelles et la raison graphique. *Recherches en éducation*, 30, p. 125–137.

Mougel, S. (2012). L'enfant hospitalisé peut-il être séparé de ses parents ? La construction de la spécificité enfantine au travers des savoirs médicaux et psychologiques. In L. Hamelin Brabant et A. Turmel (Dir.), *Les figures de l'enfance : un regard sociologique.* Québec : Presses Inter Universitaires, p. 101–116.

Murcier, N. (2005). Le loup dans la bergerie. Prime éducation et rapports sociaux de sexe. *Recherches et Prévisions*, 80, p. 67–75.

Naud-Ithurbide, J.-R. (1963). *Les écoles maternelles.* Paris : PUF.

Neyrand, G. (2000). *L'enfant, la mère et la question du père. Un bilan critique de l'évolution des savoirs sur la petite enfance*. Paris : PUF.

Neyrand, G. (2006). Renouvellement des perspectives psychologiques sur le petit enfant. In R. Sirota (dir.) *Éléments pour une sociologie de l'enfance*. Rennes : PUR, p. 83–91.

Pawlowska, O. (2012). Les figures du bien-être de l'enfant au fil de trois générations en France et en Pologne : analyse comparative. L. Hamelin Brabant & A. Turmel, *Les figures de l'enfance : un regard sociologique*. Québec : Presses Inter Universitaires, p. 137–153.

Peretti-Watel, P. et Moatti, J.P. (2009). *Le principe de prévention. Le culte de la santé et ses dérives*. Paris : Seuil et La république des idées.

Pines, M. (1969). *De la naissance à 6 ans : une révolution dans les apprentissages*. Paris : Delagrave.

Plaisance, É. (1977). *L'école maternelle aujourd'hui*. Paris : Nathan.

Plaisance, É. (1986). *L'enfant, la maternelle, la société*. Paris : PUF.

Plaisance, É. (1999). L'école maternelle en France : normes éducatives et socialisation après la Seconde Guerre mondiale : une analyse de la situation en milieu urbain. *Recherches et prévisions*, 57 (1), p. 31–44.

Plaisance, É. (2006). Dénominations de l'enfance : de l'anormal au handicapé. In R. Sirota (dir.) *Éléments pour une sociologie de l'enfance*. Rennes : PUR, p. 161–171.

Plaisance, É. & Rayna, S. (1997). L'éducation préscolaire aujourd'hui : réalités, questions et perspectives. *Revue française de pédagogie*, 119 (1), p. 107–139.

Poussin, C. (2017). *La pédagogie Montessori*. Paris : PUF.

Prost, A. (1981). *Histoire générale de l'enseignement et de l'éducation en France, tome IV : L'école et la famille dans une société en mutation*. Paris : Nouvelle librairie de France.

Rayna, S. & Brougère, G. (Dir.) (2015). *Le care dans l'éducation préscolaire*. Bruxelles : Peter Lang.

Richard-Bossez, A. (2016). La fiche à l'école maternelle : un objet littératié paradoxal. *Recherches en éducation*, 25, p. 46–56.

Rollet, C. (2001). *Les enfants au XIXe siècle*. Paris : Hachette.

Roussel, L. (1975). *Le mariage dans la société française*. Paris : INED.

Sauvage A. & Sauvage-Déprez O., 1998, *Maternelles sous contrôle : les dangers d'une évaluation précoce*, Paris, Syros.

Sirota, R. (1998). L'émergence d'une sociologie de l'enfance : évolution de l'objet, évolution du regard. *Éducation et Sociétés*, 2, p. 9–33.

Sirota, R. (2006). Petit objet insolite ou champs constitué, la sociologie de l'enfance est-elle encore dans les choux ? In R. Sirota (dir.), *Éléments pour une sociologie de l'enfance*. Rennes : PUR, p. 5–20.

Sirota, R. (2012). Les figures de l'enfance de la sphère médiatique à la sphère scientifique. In L. Hamelin Brabant et A. Turmel, *Les figures de l'enfance : un regard sociologique*. Québec : Presses Inter Universitaires, p. 1–10.

Sirota, R. (2017). Sociologie de l'enfance et sociologie de l'éducation : va-et-vient. *Éducation et sociétés*, 40 (2), p. 105–121.

Snel, É. (2017). *Calme et attentif comme une grenouille*. Paris : Les arènes.

Spinoza, B. (1994 [1677]). *L'éthique*. Paris : Gallimard.

Tournay, V. (2011). Introduction. In V. Tournay (Dir.), *Sociologie des institutions*. Paris : PUF, p. 3–8.

Veuthey C., Marcoux, G. & Grange, T. (Dir.). (2016). *L'école première en question. Analyses et réflexions à partir des pratiques d'évaluation*. Louvain-la-Neuve : EME Editions.

Viaud, M.L. (2017). Les écoles Montessori dans le monde. *Revue internationale d'éducation de Sèvres*, 76, p. 51–62.

Vigarello, G. (1985). Le propre et le sale : l'hygiène du corps depuis le Moyen Âge. Paris : Seuil.

Vincent, G. (1980). *L'école primaire française. Étude sociologique*. Lyon : Presses Universitaires de Lyon, Paris : Éditions de la Maison des sciences de l'homme.

Vincent, G. (dir.) (1994). *L'éducation prisonnière de la forme scolaire ? Scolarisation et socialisation dans les sociétés industrielles*. Lyon : Presses Universitaires de Lyon.

Vincent, S. (2000). Le jouet au coeur des stratégies familiales d'éducation. *Sociétés contemporaines* 40, p. 165–182.

Wagnon, S. (2018). Les pédagogies alternatives en France aujourd'hui : essai de cartographie et de définition. *Tréma*, 50. URL : http://journals.openedition.org/trema/4174

Watanabe, M.H. (2010). Culture préscolaire et nouveaux défis au Japon. *Revue internationale d'éducation de Sèvres*, 53, p. 55–63.

Wieviorka, M. (2013). Le travail aujourd'hui. L'hypothèse de la reconnaissance. *La nouvelle revue du travail*, 2. URL : http://journals.openedition.org/nrt/687

Winnicott D.W. (2010). *Les objets transitionnels*. Paris : Payot et Rivages.

Yonnet, P. (2006). *Le recul de la mort. L'avènement de l'individu contemporain, tome 1*. Paris : Gallimard.

Zarca, B. (1999). Le sens social des enfants. *Sociétés contemporaines*, 36, p. 67–101.

Collection *Petite enfance et éducation*

Nouvelles perspectives sur l'éducation et l'accueil des jeunes enfants

Cette collection a pour but de proposer des ouvrages de recherche sur les modalités d'éducation et d'accueil des enfants de la naissance jusqu'au seuil de la scolarité obligatoire ou élémentaire. Elle défend l'idée d'une spécificité culturelle et sociale des structures qui assurent le passage du monde familial au monde scolaire et qui construisent des espaces de vie et d'apprentissage pour les enfants de 0 à 6 ans. Il s'agit d'en analyser les variations en fonction des conceptions de l'enfant et de l'éducation mobilisées, de la formation et du statut des professionnel.le.s, des choix politiques et financiers, des attentes des parents. Pour cela, cette collection souhaite proposer de nouvelles perspectives marquées par la prise en compte de la dimension sociale et culturelle de ces pratiques d'accueil et d'éducation. Évitant les approches étroites et techniques ainsi que toute valorisation d'une norme universelle, elle est ouverte à la diversité des approches et des disciplines, l'exploration de nouveaux paradigmes, l'interrogation critique.

Directeur de la collection

Gilles Brougère *(Université Paris 13 – Sorbonne Paris Cité)*

Comité éditorial

Pascale Garnier (Université Paris 13 – Sorbonne Paris Cité)
Sylvie Rayna (IFE, ENSL)
Florence Pirard *(Université de Liège)*
Pablo Rupin *(CIAE, Université du Chili)* Tullia Musatti *(CNR, Rome)*
Véronique Francis *(Université d'Orléans)*
Michel Vandenbroek *(Université de Gand)*
Gilles Cantin *(Université du Québec à Montréal)* Anne Greve *(Université d'Oslo)*

Dans la même collection

Vol. 3 – Sylvie Rayna & Pascale Garnier (dir.), *Transitions dans la petite enfance. Recherches en Europe et au Québec*, 2017. 206 p.

Vol. 2 – Pascale Garnier & Sylvie Rayna (dir.), *Recherches avec les jeunes enfants : perspectives internationales*, 2016. 160 p.

Vol. 1 – Joseph Tobin (ed.), *Preschool and Im/migrants in Five Countries. England, France, Germany, Italy and United States of America*, 2016. 223 p.

Ouvrages associés

Rayna, Sylvie / Brougère, Gilles (dir.), *Le care dans l'éducation préscolaire*, Bruxelles, PIE Peter Lang, 2016.

Rayna, Sylvie / Brougère, Gilles (dir.), *Petites enfances, migrations et diversités*, Bruxelles, PIE Peter Lang, 2014.

Brougère, Gilles (dir.), *Parents, pratiques et savoirs au préscolaire*, Bruxelles, PIE Peter Lang, 2010.

Brougère, Gilles / Vandenbroeck, Michel (dir.), *Repenser l'éducation des jeunes enfants*, Bruxelles, PIE Peter Lang, 2007.

www.peterlang.com